MARGARET THATCHER

Books LLC®, Wiki Series, Memphis, USA, 2011. ISBN: 9781159153670. www.booksllc.net
Copyright: http://creativecommons.org/licenses/by-sa/3.0/deed.de

Inhaltsverzeichnis

Britische Unterhauswahlen 1979 1	1985 3	Thatcher-Illusion 22
Britische Unterhauswahlen 1983 1	Denis Thatcher 8	Thatcher Peninsula 23
Britische Unterhauswahlen 1987 2	Falklandkrieg 9	Thatcherismus 24
Britischer Bergarbeiterstreik 1984/	Margaret Thatcher 20	

Britische Unterhauswahlen 1979

Die **britischen Unterhauswahlen 1979** fanden am 3. Mai 1979 statt. Ein Erdrutschsieg der Conservative Party führte zu einem Regierungswechsel: Eine konservative Regierung unter Margaret Thatcher löste das Labour-Kabinett James Callaghans ab.

Hintergrund

Die Wahlen fanden nach dem sogenannten *Winter of Discontent* statt, einem Arbeitskampf der Gewerkschaften gegen die Politik der Regierung von James Callaghan. Die Gewerkschaften reagierten darauf, dass die Labour-Regierung die Lohnsteigerungen für das Jahr 1979 bereits im vierten Jahr in Folge auf unter 5 % begrenzen wollte.

Letztendlich schadete dieser Konflikt der Regierung und auch dem Ansehen Callaghans in seiner Labour-Partei. Am 28. März 1979 verlor er ein Misstrauensvotum im House of Commons mit einer Stimme. Dies hatte dessen Auflösung und Neuwahlen zur Folge; am 3. Mai 1979 fanden sie wegen des verlorenen Misstrauensvotums ein halbes Jahr vor dem spätestmöglichen Termin (Oktober 1979) statt (die vorherigen Wahlen waren im Oktober 1974 abgehalten worden).

Wahlkreise der Spitzenkandidaten

Margaret Thatcher trat im Wahlkreis Finchley (Nord-London) an, während James Callaghan im walisischen South East Cardiff ins Rennen ging. Der Schotte David Steel trat für die Liberal Party im nahe seiner Heimat gelegenen Wahlkreis *Roxburgh, Selkirk and Peebles* (Scottish Borders) an. Alle drei konnten ihre Wahlkreise gewinnen.

Ergebnis

Das Ergebnis bedeutete mit einem Zuwachs der Parlamentssitze von 10% für die Conservatives den größten Zugewinn für eine Partei in der britischen Nachkriegsgeschichte. Mit 43 Sitzen gewann die Tory-Partei eine substanzielle Mehrheit und konnte nach fünf Jahren Labour-Regierung unter Harold Wilson und James Callaghan wieder den Premierminister stellen: Margaret Thatcher, die erste Frau im Amt des britischen Regierungschefs.

Ein weiterer wichtiger Punkt war, dass die Konservativen vor allem in der Arbeiterklasse massiv Stimmen hinzugewannen, was sich auch an der massiven Wählerwanderung von Labour zu den Konservativen zeigte, der 5,2% betrug.

Beginn der Ära Thatcher

Thatcher wurde am 4. Mai 1979 von der Queen mit der Bildung einer Regierung beauftragt und nahm diesen Auftrag an. Ihre Wort beim Einzug in die Downing Street No. 10 waren:

"Where there is discord, may we bring harmony. Where there is error, may we bring truth. Where there is doubt, may we bring faith. And where there is despair, may we bring hope"

Übersetzung: Wo Zwietracht herrscht, dorthin dürfen wir Harmonie bringen. Wo Irrtum herrscht, dorthin dürfen wir Wahrheit bringen. Wo Zweifel herrscht, dorthin dürfen wir Hoffnung bringen. Und wo Verzweiflung herrscht, dorthin dürfen wir Hoffnung bringen.

Die Regierungszeit Thatchers dauerte von dieser Wahl an mehr als elf Jahre; insgesamt regierten die Tories von 1979 an unter Thatcher und John Major (1990–97) für die folgenden 18 Jahre, bis zum Sieg Labours bei den Unterhauswahlen 1997.

Von „http://de.wikipedia.org/wiki/Britische_Unterhauswahlen_1979"

Britische Unterhauswahlen 1983

Die Britischen Unterhauswahlen 1983 fanden am 9. Juni 1983 statt. Es wurde der größte Wahlerfolg der Conservative Party unter Margaret Thatcher bzw. einer Partei seit den von Labour gewonnenen Unterhauswahlen 1945.

Die Oppositionsparteien SDP/Liberal Alliance und Labour erhielten fast die gleiche Anzahl an Stimmen. Seit 1918 war dies die größte Wahlniederlage der Labour-Partei, die über 3 Millionen Stimmen gegenüber 1979 verlor und den Konservativen eine Mehrheit von 144 Sitzen brachte, obwohl diese ebenfalls leichte Stimmenverluste hinnehmen musste.

Die SDP-Liberal Alliance lag nur 675.985 Stimmen hinter Labour, erhielt aber auf Grund des relativen Mehrheitswahlrechtes 186 Sitze weniger.

Margaret Thatcher, Parteivorsitzende der Konservativen und amtierende Premierministerin.

Von „http://de.wikipedia.org/wiki/Britische_Unterhauswahlen_1983"

Britische Unterhauswahlen 1987

Die **Britischen Unterhauswahlen 1987** fanden am 11. Juni 1987 statt und waren der dritte Sieg in Folge für Margaret Thatcher und die Konservativen. Sie war die erste Premierministerin seit Robert Banks Jenkinson, 2. Earl of Liverpool, die drei aufeinanderfolgende Wahlen gewinnen konnte. Nach ihr gelang dies aber auch Tony Blair (Labour Partei).

Wahlkampf

Die Wahlkampagne der Konservativen wurde von einer gegen die Labour Partei gerichteten Stimmung dominiert, die vor allem deren Steuerpolitik angriff, aber auch schnell auf vermeidliche Fehler der Labour Partei im Wahlkampf antwortete *(rapid-response campaign)*.

Die Labour Partei veränderte ihre Wahlkampfstrategie und setzte sehr stark auf die Person ihres Spitzenkandidaten Neil Kinnock. In Werbespots wurde er als fürsorgender Familienvater und Politiker vorgeführt, der in der Lage ist, die Lebenssituation der Briten zu verbessern. Seine Popularität stieg nach der Veröffentlichung über Nacht um 16 %.

Ergebnis

Die Konservative Partei ging mit einer absoluten Mehrheit und einem Vorsprung von 102 Sitzen als Siegerin aus der Wahl hervor, verlor aber 21 Sitze im Vergleich zu 1983.

Das Wahlverhalten unterschied sich bei dieser Wahl stark. Die Konservativen dominierten den Süden Englands und gewannen hier sogar Sitze von Labour hinzu. Doch in Nordengland, Schottland und Wales verlor sie deutlich an Zustimmung.

Obwohl Neil Kinnock sehr schwer für ein gutes Ergebnis gekämpft hatte, konnte die Labour Partei insgesamt nur 20 Sitze hinzugewinnen (sie gewann 26 und verlor 6).

Das Ergebnis der *Alliance,* einer Wahl-Allianz aus *Social Democratic Party* (SDP) und *Liberal Party* war für diese eine schwere Enttäuschung. Sie musste einen Sitz abgeben, bedeutender aber war die Vergrößerung des Abstandes zur Labour Partei auf 8 %, der vier Jahre zuvor auf 2 % zusammengeschmolzen war. Dies besiegelte das Ende der *Alliance* und ging in die Gründung der Liberal Democrats über.

Das bedeutendste Ergebnis der Unterhauswahlen war die Erkenntnis, das der Thatcherismus weiterhin eine große Unterstützung erhielt und Margaret Thatcher ihre wirtschafts-liberale Politik fortsetzen konnte.

Wahlbeteiligung: 32.530.204 (75,3 %)

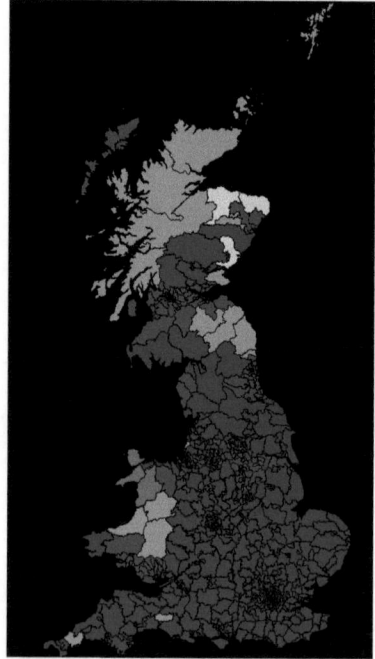

Von „http://de.wikipedia.org/wiki/Britische_Unterhauswahlen_1987"

Britischer Bergarbeiterstreik 1984/1985

Der einjährige **britische Bergarbeiterstreik** der Jahre 1984/1985 (**Miners' Strike**, auch **Coal Strike**, 4./9. März 1984-5. März 1985) war ein bedeutender Arbeitskampf, der die Macht der englischen Gewerkschaften dauerhaft verringerte.

Er gilt als schwerwiegende Niederlage der britischen Bergarbeiter und wirkte bis weit über das eigentliche Ende des Arbeitskampfes hinaus: zum einen wurde damit der wirtschaftliche Kurs der Regierung Margaret Thatcher für das Vereinigte Königreich dauerhaft bestätigt, zum zweiten das Selbstbewusstsein der Arbeiterbewegung nachhaltig beschädigt.

Der Streik stellt den Höhepunkt des Konflikts zwischen der von der „Eisernen Lady" geführten konservativen Regierung und der Bergbaugewerkschaft National Union of Mineworkers unter Führung von Arthur Scargill dar. In Erinnerung blieb der Streik nicht nur wegen seiner ungewöhnlichen Länge, sondern auch wegen des energischen Widerstands der Bergleute gegen die drohenden Schließungen bzw. Privatisierungen der Zechen.

Die Politik der Regierung Margaret Thatchers war Auslöser des Bergarbeiterstreiks

Nach dem Erfolg im Falklandkrieg wurde Premierministerin Margaret Thatcher 1983 deutliche Wahlsiegerin. Sie hatte bereits vor ihrem Amtsantritt 1979 erkennen lassen, welches Unbehagen ihr die im Vereinigten Königreich traditionell starke Gewerkschaftsmacht bereitete. Es kann angenommen werden, dass auch treibende Kräfte im Umfeld von Thatcher - etwa Sir Keith Joseph - nach den Erfahrungen des Untergangs der Regierung Edward Heaths 1974 den Einfluss der Gewerkschaften auch gegen starke Widerstände auf ein berechenbares Niveau begrenzen wollten. Eine von Nicholas Ridley geleitete Arbeitsgruppe der Conservative Party war bereits 1978 zur Einsicht gelangt, dass für den Fall einer Regierungsübernahme mit Arbeitskämpfen in den Bereichen Kohle- und Elektrizitätswirtschaft und bei den Hafenarbeitern zu rechnen wäre. Der nach dem Vorsitzenden benannte und am 27. Mai 1978 im *Economist* veröffentlichte Bericht der Arbeitsgruppe empfahl, geeignete Gegenmaßnahmen ins Auge zu fassen: neben der Anlage von Kohlevorräten in Depots und verstärkten Importen für Krisensituationen müsse der Transport möglichst gewerkschaftsfern sein. Zudem sei die duale Befeuerungsmethode mit Öl landesweit einzuführen, um die einseitige Abhängigkeit von der Kohle zu mindern. Als besonderer Affront musste zudem aufgefasst werden, dass der Bericht auch die Schaffung einer mobilen Polizeitruppe für Arbeitskämpfe einforderte. Mit der Etablierung des *National Reporting Centres* sollte dieses Vorhaben nach dem Amtsantritt Thatchers zumindest in Ansätzen seine Umsetzung finden.

Thatcher betrachtete die Gewerkschaften abschätzig und bezeichnete sie im August 1984, also während des Streiks, als *enemy within*, „den Feind im Inneren". Zur Attitüde der Konservativen in den späten 1970er und frühen 1980er Jahren gehörte es wie eine Selbstverständlichkeit, die Gewerkschaften als antidemokratisch und korporatistisch zu bezeichnen. In ihrer Autobiographie sprach Thatcher selbst in Bezug auf die Streikenden – im Wissen, dass der Streik ein sanktioniertes Recht der Gewerkschaften ist – fast durchgängig von „den Militanten".

Energieminister Nigel Lawson hatte Thatcher nach seinem Amtsantritt 1981 in diesem Geiste ausdrücklich empfohlen, für eventuelle Streiks Kohlevorräte anzulegen und sich perspektivisch noch mehr auf neue Energiequellen zu verlegen. Das Vereinigte Königreich hatte inzwischen Anstrengungen unternommen, mit Öl aus der Nordsee und Atomkraftwerken die Kohleförderung zu ergänzen.

Als Speerspitze des Gewerkschaftsbundes Trades Union Congress (TUC) wurde gemeinhin die National Union of Mineworkers (NUM) wahrgenommen, die 1974 mit einem ausgedehnten Streik zum Rücktritt und der folgenden Wahlniederlage des konservativen Premiers Edward Heath beigetragen hatte. Die NUM vertrat dieses Image durchaus selbstbewusst nach außen. Unmittelbar vor dem Streik verkündete Jack Taylor, Präsident der NUM, in Yorkshire: „Man behandelt uns nach der Methode friß oder stirb. Es ist Zeit, dass wir aufstehen und zeigen, wie groß wir sind." Der Konflikt zwischen der Regierung Thatcher und der NUM hatte also nicht zu unterschätzenden Symbolcharakter.

Vordergründig lasen sich die Wirtschaftsdaten für die Jahre 1983 bis 1986 recht günstig: das Bruttosozialprodukt wuchs in diesem Zeitraum um acht, die Industrieproduktion um sieben und die Produktivität um 13 Prozent. Zeitgleich erhöhte sich die Exportquote gar um 21%. Allerdings pegelte sich die Arbeitslosigkeit bei durchschnittlich 3,1 Millionen Erwerbslosen ein, die Zahl der im produzierenden Gewerbe Beschäftigten sank zwischen 1979 und 1990 von sieben auf fünf Millionen Beschäftigte. Von der vorangehenden Rezession zwischen 1979 und 1982 waren ganz besonders die „Gewerkschaftshochburgen" beim Bergbau, im Baugewerbe, bei der Eisenbahn und den Dockarbeitern betroffen. Die Zahl der Beschäftigten mit Gewerkschaftsbindung sank vom Rekordwert von 1979 (57% bei 13,5 Mio. Mitgliedern) ausgehend auf 43% im Jahre 1986, auf nur noch 35% 1992.

Die *Employment Acts* der Regierung Thatcher (1980, 1982, 1984, 1989,

1990) und der Trade Union Act 1984 verstärkten perspektivisch diese Krise der Gewerkschaften. Nach den Bestimmungen von 1980, 1982 und 1984 waren Gewerkschaftsfunktionäre alle fünf Jahre zu wählen (Arthur Scargill zum Beispiel war dem widersprechend gewählter NUM-Vorsitzender bis 2004), bei geplanten Streiks wurde eine geheime Urabstimmung der Beteiligten notwendig. Für die Abstimmungen konnte sogar staatliche Finanzierung in Anspruch genommen werden. Bei Zuwiderhandlungen gegen die Gesetze konnten Streiks zu einer kriminellen Handlung erklärt werden, was zur Folge haben konnte, dass Gewerkschaftskassen konfisziert wurden. Die Möglichkeit, Gewerkschaften mit dem zweiten Employment Act für kriminelle Handlungen haftbar zu machen, war erst dadurch ermöglicht worden, dass diese 1980 gezwungen worden waren, sich als haftbare Interessenvertretung registrieren zu lassen. Das für die britischen Gewerkschaften so effektive Solidarmittel des Sympathiestreiks (*Secondary Picketing* einschließlich der Aussendung so genannter Flying Pickets) wurde verboten. Die Zahl der regulären Streikposten in einem bestreikten Betrieb wurde auf sechs beschränkt, die heftig kritisierte Gewerkschaftszwangsmitgliedschaft in den Closed shop–Betrieben aufgehoben, der Kündigungsschutz gelockert. Obwohl nicht alle Bestimmungen dieser Gesetzgebung im Streik zu Anwendung kommen sollten, muss doch betont werden, welch gravierenden Eingriff in das spontane Streikwesen die arbeitsrechtlichen Neuregelungen der Regierung Thatcher bedeuteten.

Der Gesamtheit der Regierungsmaßnahmen standen die Gewerkschaften mehr oder minder fantasielos und untätig gegenüber: im Bewusstsein, sich im *Winter of Discontent* den Unmut weiter Bevölkerungsteile zugezogen zu haben, verharrte man in der Hoffnung auf Besserung und einen politischen Wechsel: den Mitgliedern wurde empfohlen, keine Aktien bereits privatisierter Betriebe zu zeichnen, in Labour setzte man im Falle eines Wahlsieges 1983 die Erwartung sofortiger Renationalisierungen.

Von einer Streikwelle gegen die Umstrukturierungen bei British Steel 1981 abgesehen, blieben spektakuläre Arbeitskämpfe aus.

Die Sonderrolle des britischen Bergbaus

Der britische Bergbau – wegen der Verfügbarkeit billiger Kohle lange Zeit strukturprägender Industriebereich - war schon vor Ausbruch des Streiks krisengeschüttelt und im Niedergang befindlich: seit 1914 war die Zahl der Beschäftigten trotz der Verstaatlichung 1946 von einer Million auf knapp 200.000 Kumpel gesunken, allenfalls die Gruben in den Midlands und Nottinghamshire konnten noch als wirklich profitabel gelten. Gleichwohl hatten die Bergarbeiter durch ihre hohe Gewerkschaftsbindung auch während der ersten Hälfte der Ära Thatcher den Status vergleichsweise gut bezahlter Facharbeiter inne und rangierten 1984 auf Platz neun der britischen Lohnskala. Eine gewisse Gruppendynamik wurde zudem dadurch geprägt, dass die Bergleute und ihre Familien häufig in Reihenhaussiedlungen lebten und damit Arbeit und Freizeit lebensweltlich teilten. Im Bergarbeiterstreik ging es nicht zuletzt darum, für die Bewahrung dieser traditionell geprägten Milieus der Bergleute zu kämpfen.

Kohle war als Wirtschaftsfaktor – auch durch die Gegenmaßnahmen der Regierung Thatcher – allerdings längst nicht mehr so bedeutsam wie noch 1974, als Scargill und die NUM Edward Heath zur Strecke gebracht hatten. Die Förderung von Erdöl in der Nordsee und der Ausbau der Atomindustrie (auf 14 Prozent Anteil während des Streiks) machten inzwischen beträchtliche und wachsende Alternativen aus, zumal der Bergbau wegen der teilweise völlig veralteten Technik in den Bergwerken beständiger Kritik ausgesetzt war und sich der Vorwurf der Unwirtschaftlichkeit trotz vergleichsweise niedriger Förderungskosten (einschließlich der Subventionen) häufte. Doch blieben weiterhin 80 Prozent der Elektrizität des Landes von Kohle abhängig: dieser Umstand und die damit verbundene Rolle der NUM darf keinesweges unterschätzt werden. Mit der Privatisierung der Elektrizitätsversorgung entfiel allerdings deren bis dahin existente Abnahmeverpflichtung für Kohle.

Im europäischen Vergleich war die britische Kohleförderung allerdings noch günstig. Auch die Subventionen hielten sich in Grenzen: pro geförderter Tonne wurden 3,24 Pfund Sterling Zuschuss gezahlt, in Deutschland hingegen 9,48, in Belgien und Frankreich mit 16,97 bzw. 17,63 Pfund sogar ungefähr das Fünffache. Der Überblick über den britischen Bergbau erweist sich allerdings als sehr viel weniger homogen, als es diese Kennziffern suggerieren: modern ausgestatteten und effektiv produzierenden Gruben standen solche gegenüber, deren Technik hoffnungslos veraltet war und die entsprechend unwirtschaftlich zu arbeiten gezwungen waren. Insgesamt betrugen die staatlichen Investitionen in den Bergbau 1984 600 Millionen Pfund Sterling.

Der Miners' Strike

Unmittelbarer Auslöser für den Bergarbeiterstreik wurde die Veröffentlichung der Ankündigung Ian McGregors, des Vorsitzenden des National Coal Board (NCB), vom 6. März 1984, eine beträchtliche Anzahl unwirtschaftlich arbeitender Zechen schließen zu wollen und langfristig die Privatisierung der übrigen anzustreben: zunächst sollten durch die Schließung von 20 Bergwerken 20.000 Jobs gestrichen und die Kohleförderung um 4 Millionen Tonnen jährlich reduziert werden. Schon die Berufung McGregors, der den Spitznamen *Mac the Knife* trug, im September 1983 war von den Bergleuten als besondere Provokation empfunden worden: dieser hatte zuvor British Steel unnachgiebig modernisiert. Dabei waren 80.000 Arbeitsplätze abgebaut worden.

In Cortonwood in Yorkshire, wo die Grube mit fast tausend Beschäftigten besonders unwirtschaftlich arbeitete und auf hohe Zuschüsse angewiesen war, traten die Bergleute schon am Folgetag in den Ausstand. Am 9. März votierte der Vorstand von NUM in Yorkshire zugunsten eines Streiks. Nach den Statuten der NUM waren zwei Varianten für einen landesweiten Streik vorgesehen: entweder hatten 55 Prozent der Mitgliedschaft in einer Urabstimmung ihre Zustimmung zu bekunden (*rule 41 / Regel 41*). Zum zweiten bestand die Möglichkeit, dass die regionalen Vorstände individuell Streiks beschlossen (*rule 43 / Regel 43*). Ohne eine landesweite Urabstimmung durchgeführt zu haben (in einigen Regionalabstimmungen war der Streik mit deutlicher Mehrheit abgelehnt worden – in der Region Nottinghamshire zum Beispiel stimmten 68, in Leicestershire gar 87 und in Cumberland 92 Prozent dagegen) rief Arthur Scargill am 12. März 1984 den Streik aus. Er spekulierte offenkundig darauf, dass in einer Art Domino-Effekt die regionalen Vorstände auch dort, wo in den Urabstimmungen keine Mehrheiten für den Streik erzielt worden waren, einem Ausstand zustimmen würden. In den als militant geltenden Regionen waren Urabstimmungen nicht abgehalten worden.

Die nicht erfolgte Urabstimmung und die damit eng in Zusammenhang stehende Tatsache, dass sich die Zukunftsperspektiven für Kumpel sehr unterschiedlich gestalteten, zog eine Spaltung innerhalb der NUM nach sich. Mit einer Basis in Nottinghamshire, wo die Ausstattung und Produktivität der Bergwerke modern und damit auch die Aussichten für die Kumpel vergleichsweise hoffnungsvoll waren, gründete sich schließlich als Konkurrenz zur NUM die *Union of Democratic Mineworkers* (UDM). Mit Ted McKay, NUM-Präsident in Nordwales, übte sogar ein Befürworter des Streiks Kritik am Umstand, dass die Bergleute nicht geschlossen hinter Scargill standen und dieser selbstherrlich losgeschlagen hatte. Auch in der TUC als gewerkschaftlicher Dachorganisation meldeten sich Bedenkenträger zu Wort: vielen der dort Organisierten, namentlich dem markt- und konsensorientiertem Flügel der neuen Realisten (*new realists*) bereiteten Scargills Methoden und seine unversöhnliche Klassenkampfrhetorik Unbehagen. Die TUC unterstützte den Streik schließlich nicht offiziell, die Gewerkschaften der Beschäftigten in der Energiewirtschaft EETPU und der Stahlarbeiter stellten sich sogar gegen ihn.

Schon in den ersten Tagen des Streiks kam es zu heftigen Zusammenstößen mit der Polizei: bis Mitte Juli waren hierbei zwei Tote zu beklagen, über tausend Bergleute waren verletzt und viertausend vorübergehend festgenommen worden. Bei Orgreave in der Nähe von Sheffield waren am 18. Juni 1984 in einer Massenschlägerei 10.000 Kumpel und dreitausend Polizisten aneinander geraten, es hatten sich bürgerkriegsartige Szenen abgespielt. Mehrere Gespräche zwischen Scargill und McGregor (etwa im Juli 1984) waren ergebnislos geblieben. Die Wut der Streikenden wurde zusätzlich dadurch gesteigert, dass die Polizei Streikbrecher auch gegen den aktiven Widerstand der Streikposten unter Einsatz berittener Einheiten förmlich in die Betriebe „hineinprügelte". Im Konflikt mit der NUM erhielten die 20.000 im Einsatz befindlichen Beamten neben ihren normalen Bezügen 500 Pfund Sterling „Gefahrenzulage".

Auf dem 83. Parteitag von Labour in Blackpool Ende September 1984 sah sich der zögerliche Vorsitzende Neil Kinnock unter dem Druck des Plenums gezwungen, die Partei mit den Streikenden zu solidarisieren: über eine Resolution zugunsten der NUM hinaus kam dabei allerdings nichts Handfestes heraus. Die Unterstützung durch Labourfunktionäre blieb bescheiden, während viele einfache Mitglieder – oft auch Gewerkschafter – den Streikenden solidarisch zur Seite standen. Im Oktober 1984 streikten 130.000 Bergarbeiter. Am 3. November vermeldete der *Telegraph*, dass 45 Gruben normal produzierten und 93 wegen Streiks vollständig still lägen (36 pendelten als „nicht nennenswert produzierend" dazwischen). Wegen Missachtung des Gerichts musste Scargill bei einem Prozess zweier Bergleute gegen den Streik im November 1984 1000 Pfund als Person, die NUM 200.000 Pfund Strafgeld als Organisation zahlen. Es stellte sich nach der Aberkennung der Treuhand Scargills über die NUM heraus, dass die Gelder der Gewerkschaft ins Ausland transferiert worden waren.

Margaret Thatcher monierte – auf dem Höhepunkt des Streiks – in ihrer Neujahrsansprache 1984 zum wiederholten Male, dass den Mitgliedern der NUM die landesweite Urabstimmung vorenthalten worden war. Damit artikulierte sie das Demokratiedefizit, das sie der NUM und ihrem „marxistischen Präsidenten" Scargill unterstellte, und wagte den Versuch, den Streik nicht nur als ökonomischen Konflikt, sondern gar als Teil eines Angriff der Linken auf die Grundordnung als solche zu kompromittieren. „Der Herrschaft des Mobs" dürfe nicht nachgegeben werden. Der Malus des Beharrens auf Regel 43 lastete während des gesamten Streiks auf dem Arbeitskampf, verschleierte den eigentlichen Konflikt und gab Thatcher Gelegenheit, sich als Hüterin der Demokratie gegen einen Umsturzversuch zu gebärden. Im Umfeld des Parteitags der Konservativen in Brighton im Oktober 1984 wurde Scargill sogar mit den Nationalsozialisten verglichen und behauptet, hinter ihm stünde der (linke) Faschismus. Auch in ihrer Biographie sprach Thatcher von der „faschistischen Linken". Im Gegenzug beschimpfte Scargill Thatcher als „Plutonium-Blondine" und kündigte unverhohlen seinen Wunsch nach ihrem außerparlamentarischen Sturz an.

Der Streik der Bergleute hatte inzwischen Versorgungsengpässe provoziert, die selbst durch die Reserven aus den Depots nicht immer nahtlos gedeckt werden konnten. Doch erwiesen sich die „Anlage"-Maßnahmen der Regierung Thatcher als insgesamt kluger Schachzug. Unter ihrem Ausstand litten die Bergleute selbst am meisten: statt auf staatliche Unterstützung (von 15 Pfund abgesehen) hoffen zu können, waren sie auf karitative Wohlfahrt angewiesen. Ihre Kinder wurden von der kostenfreien Schulspeisung ausgeschlossen, Hilfen für Schuluniformen nicht gewährt.

Gleichwohl produzierten die britischen Medien ein Bild des Streikes, das seiner Natur nicht völlig gerecht wurde und somit ein verzerrte Meinungsbildung in der Bevölkerung nach sich zog: statt das Für und Wider der Konfliktparteien in den Vordergrund zu stellen, wurden den Nachrichtenzuschauern bevorzugt gewaltsame Ausschreitungen und Prügeleien präsentiert und ausgeschlachtet. Bei den Zeitungen taten sich auf diesem Feld die Boulevardblätter *The Sun* und *The Daily Mail* unangenehm hervor, sogar der als linksliberal geltende *Daily Mirror* polemisierte gegen den Streik. Insgesamt war der Streik dieser Darstellung zum Trotz überwiegend friedlich. Dies hinderte die streikfeindliche Publizistik freilich nicht, Arthur Scargill als "Adolf Scargill" (*Fleet Street*) und den "Yorkshire-Ripper" (*Sunday Express*) persönlich anzugreifen.

Dem zum Trotz erfuhren die Streikenden Sympathie und Solidarität nicht-gewerkschaftlicher Natur in bis dahin unbekannten Ausmaßen: kommunale Behörden, ethnische Minderheiten, Feministinnen, Schwulen und Lesben unterstützten die Streikenden durch Sammlungen und Spendenaktionen, weil sie sich von der in ihren Augen reaktionären Politik Thatchers gleichfalls benachteiligt und bedroht fühlten. In der Ukrainischen Sowjetrepublik organisierten die Bergleute eine Spenden- und Hilfsaktion. Auf einem Spendenkonto, das zu Weihnachten 1984 nach einem Aufruf Neil Kinnocks und Ben Kingsleys eingerichtet worden war, ging ein Gesamtbetrag von über einer Million Pfund Sterling ein. Die Gewerkschaft der russischen Bergleute überwies 1,14 Millionen Dollar an den Härtefonds der NUM. Die Bergleute in Tuzla (Jugoslawien) spendeten monatlich den Lohn eines Arbeitstages an ihre britischen Kollegen. Die NUM suchte und fand finanzielle Unterstützung aus dem Ausland. Auch die Funktionäre des Freien Deutschen Gewerkschaftsbundes bekundeten gegenüber Scargill ihre Unterstützung. Der FDGB und andere Gewerkschaften aus Osteuropa spendeten geschätzt rund 1,4 Mio £ vom FDGB an die NUM, wobei sie die Unterstützung geheim hielten und über andere Quellen an die NUM überwiesen. Die Regierung der devisenhungrigen DDR belieferte hingegen, während sich mit osteuropäischen Solidaritätsaktionen für den des Streik in den Medien geschmückt wurde, zeitgleich Großbritannien mit erheblichen Mengen an Braunkohle, welche die bergarbeiterstreikbedingten Förderausfälle zu kompensieren half. Trotz des Durchhaltewillens der Bergleute und trotz der ökonomischen Schwierigkeiten, die sie zu ertragen im Stande waren, beendeten ab dem Jahreswechsel 1984/1985 mehr und mehr der schließlich frustrierten und desillusionierten Bergarbeiter ihren Ausstand. Sie waren vor die Wahl gestellt, mit ihren Familien entweder hungern und frieren zu müssen, ihre Kinder der Stigmatisierung auszusetzen – oder, wenn sie zur Arbeit zurückkehrten, von ihren noch streikenden Kollegen als *scabs* und „Gelbe" beschimpft zu werden. Mitte Dezember 1984 war die Produktion auf ein Viertel des Ausstoßes vor Beginn des Streikes gesunken: doch gab es während des gesamten Streiks keinen Stromausfall und keine signifikanten Engpässe in der Versorgung mit vorsorglich gehorteter Kohle. Thatcher frohlockte, als am 27. Februar die Hälfte der NUM-Mitglieder wieder zur Arbeit erschien. Das NCB publizierte regelmäßig die Zahlen der NUM-Anhänger, die ihren Ausstand für beendet erklärten.

Am 3. März 1985 stimmte eine Delegiertenkonferenz der NUM schließlich für das Ende des Arbeitskampfes. Nur die Region Kent stimmte für eine Fortsetzung, Nottinghamshire, Leicestershire und South Derbyshire hatten keine Delegierten entsendet. Der Streik brach ergebnislos – was die Forderungen der Bergleute anbelangt – in sich zusammen. Er hatte insgesamt zehn Tote (sechs Streikposten, einen Taxifahrer und drei Jungen, die Kohle sammelten) und über dreitausend Verletzte gefordert. 11.291 Streikende waren zumindest vorübergehend verhaftet worden. Der Streik sollte insgesamt 3 Milliarden Pfund Sterling kosten.

Die Rolle des Arthur Scargill

Scargill, der Vorsitzende NUM, muss als umstrittener Charakter gelten: seine Gegner und auch Fachautoren verunglimpften ihn als „fiery demagogue" (brennenden Demagogen) und Exzentriker, rieben sich dabei immer wieder an der politischen Orientierung des bekennenden Marxisten. Das *Spiegel*-Porträt *König Arthur* charakterisiert ihn als wirkungsvollen, rhetorisch begnadeten Populisten, der im Streik der Bergleute auch politisch polemisierte: McGregor beschimpfte er als „überbezahlten US-Söldner", die Windsors wünschte er „aus(zu)rangieren" und „nützlichen Arbeiten zuführen" zu wollen. Für viele NUM-Mitglieder bedeutete Scargill dennoch so etwas wie die letzte Hoffnung und genoss nicht zuletzt seit dem großen Sieg von 1974 Ansehen und Vertrauen. Der Streik von 1984/1985 war ein Arbeitskampf um Arbeitsplätze, nicht um Lohnerhöhungen oder kürzere Arbeitszeiten. Scargill verkannte allerdings, dass die Bedeutung der Kohle gesunken war und die arbeitsrechtlichen Regelungen der Regierung Thatcher eine Gewerkschaftsbewegung trafen, die durch den Mitgliederrückgang ohnehin schon geschwächt war. Mit den so genannten „neuen Realisten" innerhalb der TUC stieß Scargill wiederholt aneinander. Das Verhältnis wurde auch dadurch belastet, dass Scargill wiederholt pathetisch auf den Generalstreik 1926 Bezug nahm, bei dem die TUC die Bergarbeiter im Stich gelassen hatte. Durch den Nimbus des Sieges 1974 konnte er auf eine Hausmacht innerhalb der NUM zählen, über die hinaus die Solidarität allerdings in engen Grenzen blieb. Die Zentrale der Bergarbeitergewerkschaft war schon 1983, zwei Jahre nach der Wahl Scargills, demonstrativ von London nach Sheffield verlegt worden. In Yorkshire konnte der NUM-Präsident auf den bedingungslosen Rückhalt der Bergleute und insbesondere die Schlagkraft seiner *flying pickets* bauen. Die demütigende Niederlage der NUM im Streik 1984/1985 und ihr folgender Abstieg haben nach hoffnungsvollem Beginn auch das Ansehen ihres Präsidenten stark in Mitleidenschaft gezogen. Scargill kehrte Labour 1996 den Rücken, gründete die Socialist Labour

Party und ist seitdem ihr Vorsitzender. Politische Erfolge waren ihm und seiner neuen Partei nicht beschieden.

Die Folgen des Streiks

Politische Auswirkungen

Mit ihrem unnachgiebigen und kompromisslosen Ausharren im Streit mit der NUM unterstrich Thatcher nach dem außenpolitischen Erfolg im Falkland-Krieg auch nach innen Stärke und Entschlusskraft. Der Sieg über die Bergarbeiter markiert ganz entschieden den eindrücklichen Beweis von Durchsetzungsfähigkeit dem radikalen Flügel der Gewerkschaftsbewegung gegenüber, in einem Maße, das nach den Ereignissen von 1974 und 1978/1979 noch ausgeschlossen zu sein schien. Thatcher selbst betonte, dass die Überwindung des Bergarbeiter-Vetos auch ein Signal an die gemäßigten Gewerkschaftsmitglieder darstelle: sich von „den Militanten" nicht erpressen zu lassen. Sie sprach von „einer Lektion, die niemand vergessen sollte".

Labour unter Neil Kinnock hatte während des gesamten Streikes wenig Initiative bewiesen: dies stellte nicht nur die Rolle als politische Alternative zu den Konservativen in Frage, sondern beschädigte massiv auch das Verhältnis zur Gewerkschaftsbewegung. Schon bei den Wahlen im Juni 1983 hatten nur noch 39 Prozent der Gewerkschaftsmitglieder Labour gewählt. Das Scheitern des Streiks stellte eine weitere Etappe auf dem Weg zum tief greifenden Bruch zwischen Labour und Gewerkschaften dar. Dieser hatte im Winter of Discontent 1978/1979 seinen ersten Höhepunkt erlebt, als die unnachgiebige Haltung der Gewerkschaften zum Sturz (durch ein Misstrauensvotum) und schließlich zur Abwahl des Labour-Premiers James Callaghan beigetragen hatte. Der Trend sollte sich bis zum Wandel Labours zur New Labour fortsetzen. Als unmittelbare Folge des gescheiterten Streiks manifestierte sich auch der Zerfall der NUM: von 1985 bis 1990 verlor sie 80 Prozent ihrer einst 182.000 (Stand: Juli 1984) Mitglieder, was sich unter anderem darin begründete, dass 94 von 176 (Stand: 1984) Gruben landesweit stillgelegt wurden. In den neunziger Jahren des 20.Jahrhunderts konnte auch die UDM, die bewusst einen Anpassungskurs an die Tories gefahren war, massive Zechenschließungen nur kurzfristig und mit Unterstützung der öffentlichen Meinung aufschieben, nicht aber verhindern, als sich die Aufregung gelegt hatte. Zu einem emotionalen Arbeitskampf wie 1984/1985 konnten sich die britischen Bergleute nie wieder aufraffen.

Soziale Implikationen der Niederlage der NUM

Der Streik hatte dazu geführt, dass viele der im Ausstand befindlichen Bergleute ihre Ersparnisse vollständig aufgebraucht hatten. Mit dem *Social Security Act No. 2* von 1980 waren die Zuschüsse an die Familien auf 15 Pfund pro Woche gesenkt worden. Die NUM sah sich prinzipiell außerstande, Streikgelder zu zahlen. Viele der Streikenden sahen keinen anderen Ausweg, als Hypotheken oder Kredite aufzunehmen und litten im Miners' Strike bittere Not. Im Durchschnitt sollte sich jeder von ihnen – zusätzlich fielen 9.000 Pfund Lohnausfall an – während des Streiks mit 10. 000 Pfund verschulden.

Mit dem massiven Wegbrechen von Arbeitsplätzen ging die Erosion des traditionellen Bergarbeitermilieus einher: die Spaltung, die schon während des Streiks zwischen Menschen verlief, die zuvor Nachbarn gewesen waren, wurde dadurch vertieft, dass sich in den Arbeitersiedlungen bei ohnehin schon eklatant hoher Arbeitslosigkeit nun auch die Bergleute unter die Arbeitssuchenden mischten. Besonders in Nordengland und Südwales brach sich dies Bahn, die Arbeitslosenquoten stiegen zum Teil auf 50 Prozent. Durch den Wegzug vieler Menschen veröden die Bergarbeitersiedlungen nach und nach, die Selbstmordrate nahm signifikant zu. Ein Kolumnist von *The Spectator* schrieb, die geschlagenen Kumpel seien nichts weiter als in "häßlichen Zechendörfern" hausender "menschlicher Bodensatz". Zugleich aktivierte der Streik die Frauen der Bergleute: Tausende von ihnen demonstrierten mit ihren Männern, organisierten Suppenküchen, Spendenaktionen und Sammlungen. Diese Form emanzipierter Zuneigung stieß bei den wertkonservativen Bergleuten auf eine Mischung aus Verwunderung und Überraschung.

Forschungskontroverse und politische Instrumentalisierung

Das Scheitern des Bergarbeiterstreiks 1984/1985 stellte unter Beweis, dass eine britische Regierung – begünstigt durch die Arbeitsmarktreformen und die Duldsamkeit Thatchers – von der Zustimmung und dem Goodwill der Gewerkschaften bei Reformvorhaben nicht mehr abhängig war. Das erklärte Ziel Thatchers war es, die Staatsausgaben und damit auch die Inflation als fast schon traditionelles britisches Problem zu begrenzen. In der seit 1946 staatlichen Förderung von Kohle schien ihr die Schließung wenig profitabler Zechen bei insgesamt festzustellender Überproduktion daher nach eigener Auskunft dringend geboten.

Für die Behauptung, dass Thatcher gezielt auf diese Karte gesetzt und den Konflikt mit den Gewerkschaften offensiv gesucht habe, spricht neben den Arbeitsrechtsbestimmungen der Employment Acts auch, dass unter ihrer Regierung keine Konsultationen im nationalen Wirtschaftsrat NEDC mehr stattfanden. Der verschärfte Ton im Umgang mit Scargill (und die entsprechenden Repliken) treten zusätzlich hinzu. Ergänzend wird gemutmaßt, die Konservativen hätten eingedenk ihres Debakels 1974 explizit Rache an der NUM nehmen wollen. Neuerdings gehen manche Historiker gar so weit, zu behaupten, der Konflikt der Thatcher-Regierung mit den Bergarbeitern sei der entscheidende Schritt zur Brechung der Gewerkschaftsmacht in Großbritannien gewesen, um damit die Bedingungen für die Durchsetzung eines neoliberalen Wirtschaftssystems zu schaffen.

Mit dem Trade Union Act von 1984 hatte die konservative Regierung zudem zweifellos im Selbstinteresse politisch gehandelt: die Festlegung, dass alle zehn Jahre über die politischen Unterstützungsfonds der Gewerkschaften abzustimmen sei, zielte auf die finanzielle

Basis von Labour, die – aus der Gewerkschaftsbewegung hervorgegangen – auf Unterstützung in ganz besonderer Weise angewiesen war. Anders als die Konservativen konnte Labour nicht auf beträchtliche Spenden aus der Wirtschaft zählen.

Margaret Thatcher hat in ihrer Autobiographie angedeutet, Scargill und die NUM hätten Zuwendungen auch aus Libyen erhalten. Verlässliche Belege hierzu liegen bisher nicht vor.

Die britische Regierung und das *National Coal Board* hatten potentiellen Streikbrechern im Dezember 1984 1400 Pfund Sterling (1984 entsprach 1 GBP etwa 4 DM) zusätzliches Weihnachtsgeld im Falle der Wiederaufnahme der Arbeit angeboten und im Januar Steuerfreiheit bis Ende April in Aussicht gestellt.

Trivia

Das Problem sozialer Verwerfungen und eskalierender Gewalt im Umfeld und Nachklang des Streiks wird im Film *Billy Elliot – I Will Dance* und teilweise in *Brassed Off – Mit Pauken und Trompeten* thematisiert.

Als die Bergleute nach Ende des Streiks beschämt und demoralisiert in die Gruben zurückkehrten, schmückten ihre Freundinnen und Frauen sie vielerorts mit Nelken, der Blume der Helden.

Literatur

- Bielstein, Klaus: *Gewerkschaften, Neo-Konservatismus und ökonomischer Strukturwandel. Zur Strategie und Taktik der Gewerkschaften in Großbritannien*, Bochum 1988.
- Boehl, Henner Joerg: *Der Britische Bergarbeiterstreik von 1984/85: Entscheidung eines Konflikts um Recht und Regierbarkeit*, Bochum 1989.
- *Der Spiegel*, 38. & 39.Jahrgang.
- Dürr, Karlheinz: *Der Bergarbeiterstreik 1984/1985*, in: *Politische Vierteljahresschrift* 26 (1985), S.400-422.
- Evans, Brendan: *Thatcherism und British Politics 1975-1999*, Stroud 1999.
- Fischer, Gero: *United we stand – divided we fall. Der britische Bergarbeiterstreik 1984/85*, Frankfurt a.M. / New York 1999.
- Ital, Bernd: *Die Politik der Privatisierung in Großbritannien unter der Regierung Margaret Thatcher*, Köln 1995.
- Keith Barlow, Geoffrey: *The Labour Movement in Thatcher's Britain: Conservative Macro- and Microeconomic Strategies and the Associated Labour Relations Legislation: Their Impact on the British Labour Movement during the 1980s*, Frankfurt / Berlin / Bern / New York / Paris / Wien 1996.
- Mc Gregor, Ian: "The Enemies Within" Fontana Publishers 1986
- Reitan, Earl: *The Thatcher Revolution. Margaret Thatcher, John Major, Tony Blair and the Transformation of Modern Britain 1979-2001*, Lanham u.a. 2003.
- Sakowsky, Dagmar: *Die Wirtschaftspolitik der Regierung Thatcher*, Göttingen 1992.
- Seiffert, Matthias: "Ein Streik wie kein anderer. Der Streik der britischen Bergarbeiter 1984-85", in: Holger Marcks & Matthias Seiffert (Hg.): *Die großen Streiks - Episoden aus dem Klassenkampf*, Unrast-Verlag, Münster 2008, S. 173-177, ISBN 978-3-89771-473-1.
- Willman, Paul / Morris, Timothy / Aston, Beverly: *Union Business: Trade Union Organisation and Financial Reform in the Thatcher Years*, Cambridge / New York 1993.
- Wrigley, Chris: *The 1984-5 miners' strike*, in: Andrew Charlesworth u.a. (Hrsg.): *An Atlas of Industrial Protest in Britain 1750-1990*, S. 217-225.

Von „http://de.wikipedia.org/wiki/Britischer_Bergarbeiterstreik_1984/1985"

Denis Thatcher

Denis Thatcher mit Nancy Reagan

Denis Thatcher, (Major Sir Denis Thatcher, 1st Baronet of Scotney) (* 10. Mai 1915 in Lewisham; 26. Juni 2003 in London), war Geschäftsmann und Ehemann der früheren Premierministerin des Vereinigten Königreiches, Margaret Thatcher.

Frühe Jahre, Geschäftstätigkeit

Denis Thatcher, der Sohn eines neuseeländischen Geschäftsmannes, besuchte die Mill Hill Boarding School, von der er mit 18 Jahren abging, um im Familienunternehmen seines Vaters mitzuarbeiten. Während des Zweiten Weltkriegs diente er im 34. Searchlight Regiment der Royal Engineers, bevor er zum Major befördert wurde. Er wurde zweimal ausgezeichnet und 1945 Mitglied des Orders of the Empire.

1942 heiratete er Margaret Kempson, von der er sich 1948 wieder scheiden ließ. 1950 traf er auf einer Versammlung der Conservative Party die spätere Margaret Thatcher, damals Margaret Roberts, die er bereits im Jahr darauf heiratete. Wenn er einmal von der Presse auf sie, die in der Partei begann, Karriere zu machen, angesprochen wurde, nannte er sie The Boss. Doch auch er selbst wurde ein sehr erfolgreicher Geschäftsmann, der es bis zum Direktor der Burmah Oil Trading Co., zum Vorsitzenden von Atlas Preservative Co., zum Vizevorsitzenden der Attwoods AG, zum Direktor der Quinton Hazell AG und zum Berater der Amec AG und der CSX Corp. gebracht hat.

Im Rampenlicht

In der öffentlichen Wahrnehmung dominierte zum Teil seine undankbare Rolle als Vorlage für satirische Witzfiguren, etwa in Persiflagen des Satiremagazins *Private Eye*, wo er als reaktionärer Golfspieler mit einem Faible für Gin karikiert wurde oder in dem Theaterstück von John Wells *Anyone for Denis*. Margaret Thatcher betonte dagegen stets die Unterstützung, die sie von ihrem Mann erfahren habe. So schrieb sie in ihrer Autobiographie: „Ich hätte niemals über 11 Jahre Premierministerin sein können, wenn ich nicht Denis an meiner Seite gehabt hätte." Im Jahre 1991 wurde Denis Thatcher zum erblichen Baronet (1st Baronet of Scotney in der Grafschaft Kent ernannt) erhoben, womit seine Frau Margaret zur *Lady* ehrenhalber wurde. An Denis Thatcher wurde 2009 der letzte erbliche Adelstitel außerhalb der königlichen Familie vergeben. Sein Sohn Mark darf den Titel noch führen, seine Tochter Carol nicht mehr. Nach ihrem Ausscheiden aus dem House of Commons wurde Margaret Thatcher 1992 dann als *Baroness Thatcher in her own right* eine eigenständige, jedoch - angeblich auf eigenen Wunsch hin - nicht erbliche Peerswürde auf Lebenszeit gewährt.

Sir Denis war auch *Member of the Order of the British Empire* (MBE).

Erbe

Denis Thatcher starb mit 88 Jahren in London, nachdem er sich einige Monate zuvor einer Bypass-Operation unterzogen hatte. Beigesetzt wurde er am 3. Juli 2003 in Chelsea. In einem Nachruf bezeichnete Tony Blair ihn als einen „freundlichen und großherzigen Mann, einen echten Gentleman, der hier und im Ausland viele Freunde besaß." Denis Thatcher hatte zwei Kinder, die Zwillinge Sir Mark Thatcher und Carol Thatcher (beide * 1953).

Von „http://de.wikipedia.org/wiki/Denis_Thatcher"

Falklandkrieg

Der **Falklandkrieg** (englisch *Falklands War/Crisis*, spanisch *Guerra de las Malvinas/Guerra del Atlántico Sur*) war ein bewaffneter Konflikt zwischen Argentinien und dem Vereinigten Königreich um die Falklandinseln (auch *Malwinen*) sowie Südgeorgien und Südliche Sandwichinseln zwischen April und Juni 1982. Wenngleich durch den argentinischen Angriff auf die Inseln überrascht, war Großbritannien schließlich überlegen und die Inseln blieben in britischer Hand, was den Wünschen ihrer Bevölkerung entsprach. In Argentinien führte der Ausgang des Krieges zum Sturz der Militärjunta und zur Wiederherstellung des demokratischen Systems.

Siehe auch Zeittafel des Falklandkrieges, Geschichte der Falklandinseln

Vorgeschichte

Hintergrund

Die Besitzansprüche auf die Inseln waren lange umstritten. 1600 sichtete der Holländer Sebald de Weert eine Gruppe von drei Inseln, die zu den Falklands gehörten. Bald darauf waren sie in holländischen Seekarten verzeichnet. 1690 betrat Captain John Strong als erster die Inseln und gab ihnen den Namen *Falkland Islands*, nach dem Chef der Admiralität, *Lord Falkland*. Zwischen 1698 und 1712 kartographierten französische Kapitäne die Inseln. Auf ihren Karten, 1716 bei Frezier in Saint Malo veröffentlicht, waren sie – bezugnehmend auf den Namen der Stadt St. Malo – als „Iles Malouines" verzeichnet. 1764 gründete der Franzose Louis Antoine de Bougainville die erste Kolonie, die im Oktober 1766 durch die französische Krone an Spanien verkauft wurde. Am 1. April 1767 wurde die Kolonie formal an die Spanier übergeben, die behielten den – spanisch abgewandelten – Namen der Inseln als *„Malvinas"* bei. Bereits im Dezember 1766 war jedoch der britische Captain John McBride auf Saunders Island (span. Isla Trinidad), damals „Falkland" genannt, gelandet und hatte eine kleine Truppe unter Captain Anthony Hunt hinterlassen, um britische Ansprüche zu sichern. Der Name Falkland war somit zunächst im Singular zu verstehen und bezog sich nicht auf das benachbarte East Falkland (Isla Soledad), der Plural „Falklands" wurde erst sehr viel später von den Briten benutzt. Im November 1769 begegneten sich im Falklands Sound Captain Hunts Sloop und ein spanischer Schoner. Beide forderten sich gegenseitig auf, die Falklands zu räumen, jedoch kam niemand diesen Forderungen nach. Einige Monate später entsandte der spanische Gouverneur in Buenos Aires Francesco Bucarelli fünf Fregatten, die am 10. Juni 1770 dreizehn von Hunt stationierte Briten schnell zur Aufgabe zwangen. Ein bevorstehender Krieg zwischen Großbritannien und Spanien wurde durch eine geheime Friedensdeklaration am 22. Januar 1771 abgewendet, in der Spanien nachgab, sich allerdings Souveränitätsrechte über die Falklands vorbehielt. Obwohl Spanien am 16. September 1771 die Falklands formal an Großbritannien übergab, machten die Briten keinen erkennbaren Versuch, die Inseln in Besitz zu nehmen.

1810 machte sich Argentinien von Spanien unabhängig und besetzte die Falklandinseln (spanisch: *Islas Malvinas*) 1820. In den Folgejahren erhoben die Regierenden in Buenos Aires immer wieder Anspruch auf die Falklands und förderten neue Siedlungen. 1831 kam es zum so genannten „Lexington"-Zwischenfall, als der von Buenos Aires ernannte Gouverneur Louis Vernet, ein Hamburger Kaufmann französischer Herkunft, drei Schiffe amerikanischer Robbenjäger beschlagnahmen ließ. Die USA entsandten daraufhin die Korvette „Lexington", die Vernets Siedlung auflöste und die Falklands für frei erklärten. 1832 postierte Buenos Aires einen neuen Gouverneur auf den Inseln mit der Aufgabe, eine Strafkolonie zu verwalten. Dieser wurde bald ermordet. Argentinien sandte einen Schoner mit Truppen, um die Mörder festzunehmen. Zur gleichen Zeit landete das britische Kriegsschiff „Clio", um britische Ansprüche zu sichern. Clios Kapitän John James Onslow ließ am 3. Januar 1833 mit seiner Übermacht die argentinische Flagge niederholen und erneuerte die britische Souveränität. Argentinische Proteste weist Großbritannien bis heute zurück.

Argentinien hat als Nachfolgestaat der Vereinigten Provinzen des Río de la Plata seinen Anspruch stets betont und die „Malvinas" bis heute als argentinisches Territorium betrachtet und sogar in das argentinische Postleitzahlsystem eingearbeitet.

Als Mitte des 20. Jahrhunderts das britische Kolonialministerium ins Außenministerium integriert wurde, begannen mehrere aufeinander folgende britische Regierungen, die Debatte mit Argentinien als ein unwichtiges Problem anzusehen, dessen sie sich gern entledigt hätten. Allerdings lehnten es die etwa 1.800 Einwohner (Kelper) ab, unter die Hoheit Argentiniens zu geraten und beriefen sich auf Artikel 73 der UN-Charta, um ihre Position zu stärken. Im Jahr 1965 begannen Großbritannien und Argentinien, unter UN-Resolution 2065 über die Zukunft der Inseln zu verhandeln, doch bis zum Ausbruch des Krieges 17 Jahre später war es zu keiner Übereinkunft gekommen.

1968 besuchte Lord Chalfont die Falklands sowie Argentinien. Sein Bericht wies darauf hin, dass die Einwohner der Falklands britisch bleiben wollten, Argentinien auf seinem Anspruch bestand und ohne Lösung ein Konflikt zu erwarten sei. 1975 machte der britische Botschafter in Argentinien, Derek Ashe, der damaligen argentinischen Präsidentin Isabel Peron das Angebot, mit britischer Hilfe die Falklands ökonomisch durch Argentinien entwickeln zu lassen. Argentinien misstraute diesem Angebot und ließ Ashe abberufen.

Ab 1976 wurde Argentinien wieder von einer Militärdiktatur regiert, die im Rahmen des 'Prozesses der Nationalen Reorganisation' bis 1983 etwa 30.000 Oppositionelle ermordete, von denen die Mehrzahl einfach spurlos *verschwand*. Dies wurde mit dem Kampf gegen die linke Guerilla der Montoneros begründet, die allerdings nur wenige tausend Mann zählte. Das Land litt bereits vor dem Machtantritt der Militärs unter großen wirtschaftlichen Problemen, die sich während deren Herrschaft weiter verschärften.

Im Oktober 1977 warnte der britische Geheimdienst vor erhöhten militärischen Aktivitäten im Süden Argentiniens. Großbritannien entsandte daraufhin vorsorglich zwei Fregatten und ein U-Boot in den Südatlantik und erklärte eine Sperrzone 25 Seemeilen um die Falklands. Infolgedessen fanden die Verhandlungen im Dezember 1977 in angespannter Atmosphäre statt.

Am 22. Dezember 1978 startete die Junta die Operation Soberania, um die mit Chile umstrittenen Inseln am Kap Hoorn militärisch zu besetzen und in Chile einzumarschieren. Sie wurde aber wenige Stunden später abgebrochen.

1979 wurde von der neuen britischen konservativen Regierung Nicholas Ridley als neuer Unterhändler ernannt. Nach einer Reise auf die Falklands machte er den Vorschlag, die Souveränität an Argentinien zu übergeben, jedoch die Inseln nach dem Hongkong-Modell an die Bewohner auf unbestimmte Zeit zu verpachten. Weder bei den Inselbewohnern noch im Parlament fand sein Vorschlag Zustimmung. Im September 1981 wurde Ridley durch Richard Luce ersetzt. Verhandlungen mit Argentinien waren für den Dezember 1981 angesetzt und Luce sah sich nicht in der Lage, konstruktive Vorschläge vorzubringen. Das argentinische Militär hatte bis 1981 die linke Guerilla durch einen geheimen *Schmutzigen Krieg* vollständig ausgeschaltet (siehe auch Prozess der Nationalen Reorganisation, Staatsterror). Es gab etwa 30.000 unschuldige Opfer unter der Zivilbevölkerung; die Wirtschaft wurde zerrüttet: Die Inflation betrug 140 %. 1981 kam es zu zwei Regierungswechseln: zunächst übernahm der relativ liberale Viola die Macht und sorgte für eine kurze Zeit relativer Meinungsfreiheit; im Dezember 1981 stürzte General Leopoldo Galtieri ihn. Daraufhin wurden die Verhandlungen auf Wunsch Argentiniens verschoben. Das britische Foreign Office sah in diesem Zeitgewinn eine Chance.

Galtieri beabsichtigte, öffentliche Kritik über die wirtschaftliche Lage und Menschenrechtsfragen mit einem schnellen, patriotischen *„Sieg"* in der Malwinen-Frage zu überdecken. Als Vorwand diente der 150. Jahrestag der Ermordung des letzten argentinischen Gouverneurs 1832. In der UN wurde mit einer subtilen Andeutung einer Invasion Druck ausgeübt; die Briten ignorierten diese Drohung. Die Argentinier werteten die britische Haltung als Rückzug und glaubten, die Briten würden die Inseln bei einer Invasion kampflos überlassen. In diesem Glauben bestärkt wurden sie durch den Rückzug der letzten, überalterten Einheit „HMS Endurance" der Royal Navy 1981 und durch die *British Nationality Bill* von 1981, die die britische Staatsbürgerschaft eines großen Teils der Kelper einschränkte. Die neue Freundschaft (auf Grund der Unterstützung der antisandinistischen Contras in Mittelamerika) zu den USA bestärkte Galtieri in seiner Überzeugung, dass Großbritannien ohne US-amerikanische Unterstützung keinen Krieg im Südatlantik führen könne. In Konsultationen mit dem Oberkomandierenden der Marine, Admiral Jorge Anaya, wurde beschlossen, die Falkland-Inseln/Malvinas binnen eines Jahres zurück zu Argentinien zu bringen.

Die argentinischen Pläne sahen vor, nach einer erfolgreichen Einnahme der Falklandinseln auch die Inseln südlich des Beagle-Kanals militärisch zu erobern. Im Dezember 1978 hatte die argentinische Junta bereits schon einmal die Operation Soberania im letzten Moment abgebrochen. Anaya sah vor dem argentinisch-chilenischen Konflikt um den Beagle-Kanal eine Chance, eine für Chile nicht erreichbare Militärbasis auf den Malvinas zu etablieren.

Militärische Ausgangslage

Argentinien

Die argentinische Luftwaffe (*Fuerza*

Aérea Argentina, kurz *FAA*) verfügte über eine große Anzahl moderner Flugzeuge und Waffen, darunter Mirage-III-Jagdflugzeuge, Mirage-5-Jagdbomber und ältere, aber immer noch sehr leistungsfähige Douglas-A-4-Jagdbomber. Außerdem verfügte sie über die in Argentinien entwickelten FMA-IA-58-Pucará-Erdkampfflugzeuge, die von kurzen und improvisierten Flugplätzen starten konnten. Das war besonders für einen Einsatz auf den Falklands wichtig, da dort nur eines der drei Flugfelder betoniert war. Des Weiteren hatte die *FAA* noch veraltete English-Electric-Canberra-Bomber im Bestand.

Die argentinische Luftwaffe war jedoch speziell auf einen Krieg gegen Chile oder die Guerilleros vorbereitet und somit eher für einen Kampf gegen Bodenziele auf kurzen Distanzen gerüstet als für einen Kampf auf langer Distanz gegen Schiffe. Daher verfügte Argentinien nur über zwei zu Betankungsflugzeugen umgebaute Lockheed C-130 für die *FAA* und die Marine. Die Mirage waren nicht zur Luftbetankung ausgerüstet. Außerdem verfügte die FAA nur über unzureichende Aufklärungsflugzeuge und veraltete Luft-Luft-Raketen. Die damals hochmodernen Exocet-Luft-Schiff-Raketen, die eine ernsthafte Bedrohung für die britische Flotte hätten werden können, waren zwar in Frankreich bestellt, es standen bei Kriegsbeginn aber nach argentinischen Angaben nur vier davon zur Verfügung.

Zu diesen Streitkräften der Luftwaffe kamen noch fünf Dassault Super Étendards der Marineflieger, die für Luftbetankung ausgerüstet waren. 14 Flugzeuge waren bestellt, aber bis zum Ausbruch des Krieges waren nur fünf geliefert, wovon eines infolge eines Embargos als Ersatzteilspender am Boden bleiben musste.

Die Seestreitkräfte bestanden aus einer Flugzeugträgerkampfgruppe, einer Kreuzerkampfgruppe, einer Korvettenkampfgruppe und zwei U-Booten.

Die Flugzeugträgerkampfgruppe (*Grupo de Tareas 79.1*) bestand aus dem alten Flugzeugträger ARA *Veinticinco de Mayo* mit einer Staffel Skyhawks, zwei modernen britischen Zerstörern (ARA *Santísima Trinidad* und ARA *Hércules*) als Begleitschutz und dem Flottenversorger ARA *Punta Médanos*.

Die Kreuzerkampfgruppe (*Grupo de Tareas 79.3*) bestand aus dem 13.500 t verdrängenden Kreuzer ARA General Belgrano mit Begleitschutz. Die Belgrano, die 1938 als USS Phoenix in Dienst gestellt und später von den Argentiniern übernommen worden war, verfügte über fünfzehn 155-mm- und acht 127-mm-Geschütze. Der Begleitschutz bestand aus den zwei Zerstörern ARA *Hipólito Bouchard* und ARA *Piedra Buena* aus der Zeit des Zweiten Weltkriegs. Zur Kampfgruppe gehörte zudem der Flottenversorger ARA *Punta Delgada*.

Die Korvettenkampfgruppe (*Grupo de Tareas 79.4*) bestand aus drei modernen französischen d'Estienne d'Orves-Korvetten mit Exocet-Flugkörpern: ARA *Drummond*, ARA *Granville* und ARA *Guerrico*.

Die argentinische U-Bootflotte bestand aus zwei Unterseebooten des Zweiten Weltkriegs und zwei modernen, in der Bundesrepublik Deutschland hergestellten Küstenunterseebooten der U-Boot-Klasse 209. S-22 *Santiago del Estero* wurde als Ersatzteillieferant für S-21 *Santa Fe* benutzt, und S-31 *Salta* war noch nicht zum Kampf bereit. Die S-32 *San Luis* dagegen erwies sich für die Royal Navy als sehr problematisch.

Vereinigtes Königreich

Die Royal Navy war zum Zeitpunkt des Ausbruchs des Krieges nicht darauf eingestellt, die Hauptkraft einer derartigen maritimen Operation in einem so weit entfernten Gebiet zu sein. Sie war vielmehr auf den Einsatz in einem möglichen Dritten Weltkrieg innerhalb der NATO-Struktur ausgerichtet. Da in einem solchen Fall ihre Hauptaufgabe die Sicherung der transatlantischen Verbindungswege, insbesondere der G-I-UK-Lücke, gegen die sowjetische Nordflotte gewesen wäre, wurde das Hauptgewicht auf die U-Boot-Abwehr gelegt. Da nach westlicher Einschätzung die gleichzeitige Gefahr sowjetischer Luftangriffe im Nordatlantik gering gewesen wäre, verfügten die britischen Schiffe nur über begrenzte Fähigkeiten zur Luftabwehr. So wurden Ende der 1970er-Jahre die im Unterhalt teuren großen Flugzeugträger HMS Eagle und HMS Ark Royal außer Dienst gestellt, ebenso die entsprechenden Trägerflugzeuge des Typs Blackburn Buccaneer. Aufgrund der hohen Kosten lehnte die britische Regierung eine Überholung der erst 1972 kampfwertgesteigerten *Ark Royal* ab. Auch die Ausmusterung der verbliebenen kleinen Flugzeugträger war bereits beschlossen, die HMS *Bulwark* wurde 1980 außer Dienst gestellt und war 1982 bereits für eine schnelle Reaktivierung in einem zu schlechten Zustand; die Ausmusterung der HMS *Hermes* sollte 1982 folgen. Luftunterstützung sollte im Krieg entweder von Basen an Land oder von amerikanischen Flugzeugträgern kommen. Mit Australien war man sich über den Verkauf der relativ neuen HMS *Invincible* einig geworden. Im Zuge der Erweiterung der U-Boot-gestützten Raketenwaffe wurde die Anzahl der Überwasserkräfte weiter reduziert. Die Royal Air Force war im Begriff, die Avro Vulcan zugunsten des Zug um Zug eingeführten Panavia Tornado außer Dienst zu stellen. Beim Heer genoss die Modernisierung der British Army of the Rhine Vorrang. Im Mai 1981 hatte Verteidigungsminister John Nott ein neues Weißbuch mit drastischen Umbaumaximen herausgegeben.

Krieg

Argentinische Invasion

Britische Marine-Soldaten ergeben sich argentinischen Spezialeinheiten

Der Invasionsplan wurde von Admiral Jorge Anaya entwickelt. Dem Angriff ging die „Invasion" Südgeorgiens (1300 km südöstlich der Falklandinseln) am 19. März 1982 durch eine Gruppe argentinischer Zivilisten und Marinesoldaten unter dem Kommando von Alfredo Astiz voraus. Dem Antarktis-Patrouillenschiff HMS Endurance der Royal Navy wurde am 20. März 1982 befohlen, diese Zivilisten und Militärs von der Insel zu bringen. Am 23. März kam aus London die Anweisung, in Grytviken zu stoppen und weitere Anweisungen abzuwarten. Später entdeckten britische Soldaten vor Leith Harbour (Südgeorgien) das argentinische Schiff *Bahia Paraiso*. Das Foreign Office sowie das Ministry of Defense in London verboten eine "Polizeiaktion" seitens der *HMS Endurance* und wiesen stattdessen an, Patrouille zu fahren. Am 27. März verließ die *Bahia Paraiso* Leith Harbour, patrouillierte aber ebenso parallel zu *HMS Endurance*. Am Abend des 31. März wurde *HMS Endurance* durch London benachrichtigt, dass eine Invasion der Falklands bevorstehe und wurde nach Port Stanley zurückbefohlen.

Um 15:30 Uhr am 1. April 1982 erhielt der britische Gouverneur der Falklands, Rex Hunt, eine Nachricht aus London, dass eine argentinische Invasion kurz bevorstehe. Daraufhin ließ er die 86 Royal Marines unter dem Kommando von Major Mike Norman Verteidigungsmaßnahmen vorbereiten. Um eine Landung mit Flugzeugen zu verhindern, wurden auf den Startbahnen des Flugfeldes von Port Stanley Fahrzeuge geparkt. Mögliche Küstenabschnitte, die für eine Landung geeignet waren, wurden mit Stacheldraht versperrt. Der Fischkutter *Forrest* unter Jack Sollis wurde ausgeschickt, um mittels Radar Ausschau nach argentinischen Landungsbooten zu halten, die gegen 05:15 Uhr am 2. April gesichtet wurden. Bereits um 4:30 Uhr landeten 120 Soldaten der argentinischen Spezialeinheit *Buzo Tactico* mit Hubschraubern westlich von Port Stanley am *Mullet Creek*. Ein Teil der Einheit griff die Unterkünfte der Royal Marines an, in der Hoffnung, diese im Schlaf zu überraschen, während ein anderer Teil das Gouverneursgebäude angriff. Dieses wurde durch 31 Royal Marines, elf Mannschaftsmitglieder der HMS Endurance und einen Ex-Marine verteidigt. Bei dem Kampf wurden drei argentinische Soldaten getötet und drei weitere gefangen genommen. Um 6:30 Uhr landete die argentinische Hauptstreitmacht im Yorke Bay, nahe dem Flugfeld mit AAV7 Amtrac-Transportpanzern. Einer der Panzer konnte beim Vormarsch abgeschossen werden. Ein Landungsboot wurde beim Versuch, in den Hafen von Port Stanley einzufahren, durch Beschuss mit einer FFV Carl Gustaf-Panzerbüchse versenkt. Gegen 8:30 Uhr verhandelte der Gouverneur über eine Kapitulation, nachdem klar wurde, dass ein weiterer Kampf gegen die Argentinier, die nun über schwere Waffen verfügten, sinnlos war. Bei dem Kampf starben fünf argentinische Soldaten, siebzehn wurden verwundet, während die Briten keine Verluste zu beklagen hatten. Die Royal Marines, der Gouverneur und alle anderen, die es wünschten, wurden nach Großbritannien verschifft.

In Buenos Aires überfluteten riesige fahnenschwenkende Menschenmassen den Platz vor dem Präsidentenpalast, die Plaza de Mayo, als sie die Nachrichten hörten. In London war die Regierung schockiert über diesen „Schwarzen Freitag".

Versuche einer diplomatischen Lösung

Die Briten konnten schnell diplomatischen Druck gegen Argentinien organisieren. Während die öffentliche Stimmung in Großbritannien einen Versuch unterstützte, die Inseln zurückzuerobern, war die internationale Meinung stark geteilt. Die Argentinier propagierten, dass Großbritannien eine Kolonialmacht sei, die versuche, eine Kolonie von einer lokalen Macht zurückzuerobern. Die Briten verwiesen auf das UN-Prinzip der Selbstbestimmung und erklärten sich kompromissbereit. Der damals amtierende UN-Generalsekretär Javier Pérez de Cuéllar sagte, er sei über den vom Vereinigten Königreich angebotenen Kompromiss erstaunt gewesen, doch Argentinien lehnte diesen ab und stützte seine Besitzansprüche auf Ereignisse vor der Gründung der UNO 1945. Viele UNO-Mitglieder waren sich bewusst, dass – sollten derart alte Ansprüche wieder aufleben – ihre eigenen Grenzen nicht sicher wären, und so verabschiedete die UNO am 3. April eine Resolution, die den Rückzug der argentinischen Truppen von den Inseln und das Ende der Feindseligkeiten forderte. Am 10. April stimmte die EWG Handelssanktionen gegen Argentinien zu.

Für die Vereinigten Staaten stellte der Krieg ein besonderes Dilemma dar: Ersteinmal war "mitten im Kalten Krieg" ein Krieg zwischen zwei westlichen Staaten in der Vorstellungswelt nicht vorgesehen, darüber hinaus waren sie mit beiden Seiten verbündet und beide Seiten erwarteten von ihnen Unterstützung. Argentinien sah die Frage des Besitzes der Inseln als einen Kolonialkonflikt an und erwartete, dass die USA gemäß der Monroe-Doktrin den Versuch einer „Rekolonialisierung" verhindern würden. Großbritannien hingegen erwartete von seinem wichtigsten politischen und militärischen Verbündeten ebenfalls Unterstützung bei der Verteidigung der Inseln, die es als legitimes britisches Territorium betrachtete. Ein Ausbleiben der Unterstützung oder gar eine aktive Behinderung Großbritanniens würde verheerend für die amerikanische Position innerhalb der NATO sein, da dann die Zuverlässigkeit der amerikanischen Beistandszusagen auch im NATO-Bündnisfall angezweifelt werden würde. Die Falkland-Inseln selbst fielen aufgrund ihrer Lage auf der Südlichen Erdhalbkugel zwar nicht unter den Wirkungsbereich des Nordatlantikvertrages, andererseits wurde hier aber ein NATO-Mitglied direkt angegriffen.

Die USA versuchten daher eine diplomatische Lösung zu erreichen und einen Krieg zwischen ihren Verbündeten zu verhindern. Berühmt wurde Präsident Ronald Reagans Ausspruch, er könne nicht verstehen, warum sich zwei Alliierte um „ein paar eisige Felsen" streiten. Alexander Haig, der US-Außenminister, leitete kurzfristig vom 8. April bis zum 30. April eine „Shuttle-Diplomatie"-Mission, bevor Reagan schließlich erklärte, Großbritannien zu unterstützen, und Sanktionen gegen Argentinien in Gang setzte. Dies war zunächst unsicher gewesen und ist angeblich das Resultat des Drängens von US-Verteidigungsminister Caspar Weinberger, der dem Präsidenten vorschlug, das Vereinigte Königreich zu unterstützen. Mit dem Verteidigungsfall Großbritanniens war eine amerikanische Nichteinmischung ohnehin unmöglich geworden, denn Teile der in britischem Besitz befindlichen Atlantikinsel Ascension waren an die Amerikaner vermietet, die Briten benötigten die Insel aber wieder als logistische Basis. Die USA lieferten zudem Luftabwehrraketen (wenngleich veraltete) und sollen, wie Weinberger später behauptete, einen Flugzeugträger verliehen haben, was jedoch sowohl von den USA als auch von Großbritannien dementiert wurde. Überdies unterstützten die USA die Briten mit nachrichtendienstlichen Informationen wie entschlüsseltem Fernmeldeverkehr der argentinischen Streitkräfte, Satellitenaufklärung und Kommunikationshilfe. Gleichzeitig wurden Munitionsbestände von Bündnispartnern an die britischen Streitkräfte geliefert oder für diese freigegeben, die unter Sperrvorbehalt für die Verteidigung Mitteleuropas standen.

Britische Kriegsvorbereitungen

Das britische Jagdflugzeug *Sea Harrier*

Die Briten planten, sich auf eine Marine-Eingreiftruppe zu verlassen. Diese bestand aus mehreren Teilen:

- der Eingreiftruppe um die Flugzeugträger *HMS Invincible* (befand sich noch in der Erprobungsphase) und *HMS Hermes* (die an Indien verkauft werden sollte), befehligt durch Konteradmiral J. F. Woodward (besser bekannt als Sandy Woodward) und
- der amphibischen Sturmtruppe, befehligt von Commodore M. C. Clapp.

Sowohl Clapp als auch Woodward unterstanden direkt dem Commander in Chief Fleet (CINCFLEET), Admiral Sir John Fieldhouse, in Großbritannien, der der Gesamtkommandeur der Operation war. Am 5. April 1982 lief der erste Flottenverband aus britischen Häfen Richtung Südatlantik aus.

Um die neutrale Schifffahrt während des Krieges aus dem Kampfgebiet zu halten, erklärte das Vereinigte Königreich ein Gebiet von 360 Kilometern (200 Seemeilen) um die Falklandinseln zur ‚Kriegsausschlusszone', bevor es die Operationen startete. Da es keine Pläne für eine Rückeroberung der Falklands gab, wurden die britischen Pläne für den Fall einer sowjetischen Invasion in Norwegen und die darauf folgende Landung britischer Einheiten adaptiert und für die Falklands angepasst. Das bekannte Passagierschiff Queen Elizabeth 2 wurde neben anderen Schiffen requiriert und als schneller Truppentransporter in Marsch gesetzt.

Mitte April hatten die Briten eine große Luftstreitmacht auf Ascension gesammelt, einschließlich einer ansehnlichen Zahl von Tankflugzeugen sowie Jagdflugzeuge vom Typ F-4 Phantom, um diese zu beschützen. Indessen fuhr die britische Haupt-Marine-Taskforce von Großbritannien aus südlich, während eine kleine Streitmacht sich von ihr trennte, um Südgeorgien zu erstürmen.

Innerhalb nur weniger Tage wurden die Harrier-Kampfflugzeuge – die ursprünglich eigentlich für den Luft-Boden-Kampf konzipiert waren – mit Luft-Luft-Raketen vom Typ Sidewinder ausgestattet.

Rückeroberung Südgeorgiens

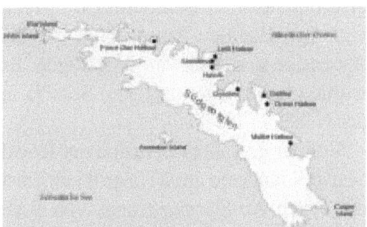

Karte von Südgeorgien

Margaret Thatcher

Die Argentinier hatten zwei Militärstationen auf Südgeorgien, eine in Leith und eine in Grytviken. Sie bewegten sich kaum außerhalb dieser Stationen, weswegen Mitarbeiter des British Antarctic Survey (kurz *BAS*) und zwei Mitarbeiter von Independent Television (*ITV*) unentdeckt auf der Insel bleiben konnten. Die *HMS Endurance* beobachtete die Argentinier aus etwa 60 NM Entfernung, versteckt zwischen Eisbergen, und hielt auch Kontakt mit den Mitarbeitern des BAS und ITV.

Die Südgeorgien-Streitmacht, die mit der Durchführung der *Operation Paraquet* beauftragt war, bestand aus dem Zerstörer HMS Antrim und der Fregatte HMS Plymouth mit Truppen von Special Air Service (*SAS*) und Special Boat Service (*SBS*) an Bord sowie einer Kompanie der Royal Marines auf dem Hilfsschiff RFA Tidespring. Am 19. April klärte die HMS Conqueror, ein U-Boot der Churchill-Klasse, die Nordküste Südgeorgiens auf. Am 20. April wurde die Insel von einem radarkartographierenden Aufklärungsflugzeug vom Typ Handley Page Victor, der auf Ascension gestartet war, überflogen. Es wurden keine argentinischen Schiffe in der Nähe der Insel entdeckt.

Vor der geplanten Invasion der Royal Marines landeten am 21. April zunächst die ersten Aufklärungstrupps von SAS und SBS. Wegen schlechten Wetters konnten sie nicht den geplanten Beobachtungspunkt erreichen und mussten auf einem Gletscher übernachten. Nachdem am nächsten Tag ein Sturm aufzog, forderten die SAS-Soldaten Hilfe an. Beim Versuch, sie mit Hubschraubern abzutransportieren, stürzten zwei Hubschrauber durch *Whiteouts* ab. Ein weiterer Versuch gelang jedoch.

Am 23. April wurde bei den Briten U-Boot-Alarm ausgelöst, und die Operation wurde unterbrochen; die *RFA Tidespring* drehte Richtung Hochsee ab, um eine Begegnung zu vermeiden. Am 24. gruppierte sich der britische Verband neu und versuchte, das argentinische U-Boot, die ARA Santa Fe (ex-USS Catfish (SS-339) der US-amerikanischen Balao-Klasse) anzugreifen. Am 25. wurde das U-Boot lokalisiert und anschließend in einem Angriff mit Hubschraubern, MG-Feuer und AS.12-Anti-Schiff-Raketen so schwer beschädigt, dass es sich tauchunfähig zur südgeorgischen Küste zurückziehen musste, wo es aufgegeben wurde. Die Besatzung ergab sich den britischen Kräften.

Die Briten beschlossen nun schnell anzugreifen. Da die *RFA Tidespring* mit dem Großteil der Soldaten noch weit entfernt war, wurden drei improvisierte Teams mit insgesamt 72 Soldaten zusammengestellt, die mit Hubschraubern auf der Insel landeten. Bei Grytviken bezogen die Soldaten Stellung, und die HMS Plymouth und HMS Antrim gaben 235 Schuss in die Umgebung des Dorfes ab, um den Argentiniern ihre Feuerkraft zu demonstrieren. Diese ergaben sich daraufhin. Am nächsten Tag ergaben sich auch die argentinischen Soldaten bei Leith.

Dies wurde tags darauf auch offiziell durch die Briten bekannt gegeben. Premierministerin Margaret Thatcher brachte die Neuigkeiten in die Medien und forderte: *„Rejoice, rejoice!"* (dt.: „Freut euch, freut euch!").

Der damalige britische Verteidigungsminister Sir John Nott gab später an, dass die Rückeroberung Südgeorgiens vor allem dem Füllen der Nachrichten und der Steigerung der Moral dienen sollte.

Operation Black Buck

Ein Avro-698-Vulcan-Bomber, wie er in der Operation Black Buck eingesetzt wurde

Hauptartikel: Operation Black Buck

Am 1. Mai begann die Operation gegen die Falklandinseln mit der Angriffsoperation *Black Buck 1*, welche die RAF von Ascension aus mit einem Bomber vom Typ Avro 698 Vulcan auf den Flugplatz bei Port Stanley durchführte. Die Vulcan war für Mittelstreckenmissionen in Europa entworfen. Deshalb reichte ihre Tankkapazität für einen direkten Flug bei weitem nicht aus. Die hin und zurück 13.000 km lange Strecke machte daher mehrere Luftbetankungen notwendig. Die Tankflugzeuge der Royal Air Force waren umgebaute Bomber vom Typ Victor. Wegen ihrer ebenfalls beschränkten Zuladung musste ein aufwendiges Verfahren angewandt werden: Um eine Vulcan mit 21 Bomben ins Ziel zu bringen, starteten zwei Vulcan-Bomber und elf Tankflugzeuge für Luftbetankung, davon ein Bomber und zwei Tankflugzeuge als Reserve. Die Tankflugzeuge betankten nacheinander die Bomber bzw. die anderen Tankflugzeuge, und kehrten dann um. Das letzte Tankflugzeug betankte die angreifende Vulcan noch einmal kurz vor dem Ziel und wurde auf dem Rückweg von einem ihm wieder entgegen fliegenden Tankflugzeug erwartet und betankt. Dem vom Angriff zurückkehrenden Bomber flogen noch einmal drei Flugzeuge entgegen, ein umgerüsteter Fernaufklärer vom Typ Nimrod und zwei weitere Tankflugzeuge. Mit diesem enormen logistischen Aufwand wurde beim ersten Angriff – plangemäß – nur ein Bombentreffer in der Start- und Landebahn bei Port Stanley erzielt. Die anderen Bomben verursachten zum Teil jedoch Schäden an anderen wichtigen Teilen des Flugplatzes. Somit hatte dieser Angriff einen recht begrenzten taktischen Erfolg, wichtiger war die politische und psychologische Wirkung (vgl. auch Doolittle Raid).

Nur wenige Minuten nach der *Black Buck-Operation* führten neun Sea Harriers von der *Hermes* einen Angriff durch, indem sie Streubomben auf Port Stanley und den kleineren Grasflugplatz bei Goose Green warfen. Beide Angriffe führten zur Zerstörung von Flugzeugen auf dem Boden und beschädigten die Flugplatzinfrastruktur geringfügig. Drei britische Kriegsschiffe beschossen zusätzlich das Flugfeld in Port Stanley. Währenddessen hatte die argentinische Luftwaffe bereits einen eigenen Angriff begonnen, in der Annahme, dass britische Landungen im Gange seien oder unmittelbar bevorstünden.

Die *Grupo 6* griff ohne eigene Verluste die britischen Seestreitkräfte an. Zwei Flugzeuge anderer Verbände wurden von Sea Harriers abgeschossen, die von der *Invincible* aus operierten. Es kam zu einem Luftkampf zwischen Harriers und Mirage-Jägern von der *Grupo 8*. Beide Seiten wollten sich zunächst nicht auf einen Kampf auf der optimalen Flughöhe des Gegners einlassen, bis schließlich zwei Mirages tiefer gingen, um anzugreifen: Eine wurde abgeschossen, der Pilot der zweiten wollte schließlich wegen Treibstoffmangels in Port Stanley landen, wo das Flugzeug durch eigene Truppen abgeschossen wurde.

Der Luftangriff und die Ergebnisse der Luftkämpfe hatten strategische Auswirkungen. Das argentinische Oberkommando sah die gesamte argentinische Festlandsküste von britischen Angriffen bedroht und verlegte deshalb *Grupo 8*, die einzige mit Abfangjägern ausgerüstete Gruppe der argentinischen Luftwaffe, weiter nach Norden, so dass auch der Großraum Buenos Aires noch in ihrer Reichweite lag. Die über den Falklandinseln zur Verfügung stehende Einsatzzeit für die Flugzeuge schrumpfte durch die längere Anflugdauer nochmals erheblich. Auch die offenbar gewordene Unterlegenheit der Mirages gegenüber den Harriern, im Wesentlichen bedingt durch ihre Bewaffnung mit unzulänglichen Luft-Luft-Raketen, führte dazu, dass Argentinien die Luftherrschaft über den Falklandinseln faktisch schon zu Beginn des Krieges aufgeben musste.

Seekrieg

Untergang der *ARA Belgrano*

Am 2. Mai wurde der technisch veraltete, noch aus der Zeit vor dem Zweiten Weltkrieg stammende, aber modernisierte argentinische Leichte Kreuzer *ARA General Belgrano*, durch ebenfalls veraltete Torpedos aus dem Zweiten Weltkrieg des Atom-U-Boots *HMS Conqueror (S48)* außerhalb der Ausschlusszone versenkt. Da die Belgrano bereits nach 20 Minuten aufgegeben werden musste und die Begleitzerstörer der Belgrano nach dem Angriff zunächst abliefen und erst nach der späteren Rückkehr mit der Rettung der Schiffbrüchigen begannen, führte die Versenkung zum Verlust von 323 Menschenleben. Dieser Verlust verhärtete die Haltung der argentinischen Regierung und machte eine Verhandlungslösung unmöglich. Der Verlust der *Belgrano* wurde ein „cause célèbre" für Kriegsgegner (etwa Tam Dalyell), die verkündeten, dass das Schiff sich zu dieser Zeit von den Falklandinseln fortbewegte. Der britischen Regierung wird vorgeworfen, sie hätte die *Belgrano* absichtlich versenkt, um einen laufenden Vermittlungsversuch der USA scheitern zu lassen. Nach britischen Angaben war das Schiff zwar veraltet, war aber bei der Modernisierung unter anderem mit niederländischen Radaranlagen und Exocet-Raketen bewaffnet worden, die eine große Bedrohung für die britischen Schiffe darstellten. Die britische Boulevardzeitung The Sun titelte darauf ihre berühmte Schlagzeile *Gotcha* (dt. *Erwischt*), die aber relativiert wurde, nachdem klar wurde, wie viele Menschen starben. Die argentinische Marine zog jedoch nach diesem Zwischenfall ihre Schiffe zurück, und auch der argentinische Flugzeugträger, der das eigentliche Ziel der Conqueror war, blieb im Hafen. Um die britischen Schiffe anzugreifen, verließen sich die Argentinier nur noch auf Kampfflugzeuge. Auch die Versorgung der Insel verlief nur noch über C-130-Hercules-Transportflugzeuge, die bei Nacht landeten.

Zwei Tage nach der Versenkung der *Belgrano* verloren die Briten am 4. Mai einen Zerstörer des Typs 42, die *HMS Sheffield*, durch ein Feuer, das durch den Einschlag einer Exocet-Rakete ausgelöst wurde. Bei dem Zwischenfall starben 20 Seeleute. Nachdem zwei Schiffe durch ein Patrouillenflugzeug der argentinischen Marineluftwaffe (*COAN*) entdeckt wurden, starteten zwei COAN-Super Étendards, die mit jeweils einer Exocet bewaffnet waren. Nach einer Luftbetankung durch eine C-130 Hercules kurz nach dem Start gingen sie in den Tiefflug über, stiegen zwecks Radarmessung auf und feuerten die Raketen aus 30 bis 50 km Entfernung ab. Eine verfehlte die *HMS Yarmouth*, die andere traf die *Sheffield*. Der Gefechtskopf der Exocet detonierte nicht, aber der Resttreibstoff setzte das Schiff in Brand. Es wurde Stunden später aufgegeben und sank nach sechs Tagen. Währenddessen wurden die beiden anderen Zerstörer von ihrer unsicheren Position zurückgezogen. Das britische Militär wäre einem Angriff schutzlos ausgeliefert gewesen.

Nach dem Zwischenfall gab es Pläne für eine Kommandoaktion des SAS gegen die mit Exocet-Raketen ausgerüstete Einheit der FAA. Dabei sollten SAS-Soldaten nach ersten Plänen gar mit C-130-Transportflugzeugen auf dem Flugfeld landen, die Raketen und Flugzeuge zerstören und danach die Piloten töten. Später wurde der Plan abgeändert. Die Soldaten sollten mit einem U-Boot zur Küste gebracht werden und nach dem Einsatz nach Chile fliehen. Der Plan wurde jedoch nicht durchgeführt, nachdem ein Hubschrauber, der ein Aufklärungsteam absetzen sollte, entdeckt wurde und daraufhin nach Chile flog.

Die Tatsache, dass Argentinien mit französischem Kriegsmaterial ausgerüstet war, war eine große Belastung für die Briten, da die Franzosen in Europa schon damals sehr eng mit den Briten verbündet waren. Auch Frankreich war im Dilemma, da es zusehen musste, wie das eigene Kriegsmaterial bei einem der engsten Verbündeten großen Schaden anrichtete.

Eine argentinische Kommandoaktion (Deckname *Operation Algeciras*) gegen britische Kriegsschiffe in Gibraltar konnte durch die spanische Polizei verhindert werden.

SAS-Kommandoaktion auf Pebble Island

Den Briten gelang es nicht, die Luftüberlegenheit zu sichern, was für eine amphibische Landung aber von entscheidender Bedeutung war. Dies wurde besonders dadurch erschwert, dass die britischen Flugzeugträger außerhalb der Reichweite der Exocet-Raketen stationiert werden mussten. Am 14. Mai unternahm der *SAS* auf Pebble Island eine Kommandoaktion, bei der zahlreiche Hubschrauber und elf Flugzeuge zerstört wurden. Die *SAS*-Truppen waren mit Faltbooten gelandet, womit die argentinischen Truppen nicht gerechnet hatten. Die Vernichtung der Hubschrauber schränkte die Bewegungsfreiheit der Argentinier ein, die ihre Truppen im Inneren der Falklands stationiert hatten und sie bei einer Landung mittels Hubschrauber zu den Landungsorten transportieren wollten.

Landung auf den Falklands

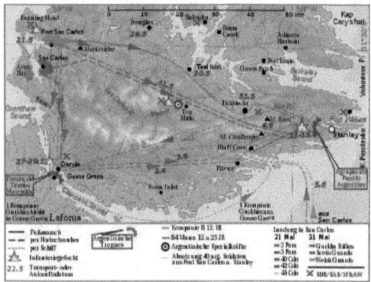

Infanterie-Aufmarsch in Ostfalkland nach der Landung in San Carlos

Die Geschwindigkeit der Vorgänge wurde während der zweiten Maihälfte durchgehend erhöht.

Am 21. Mai lief die Rückeroberung mit einer amphibischen Landung bei Port San Carlos an der Nordküste Ostfalklands an. Vor der Landung wurde ein Beobachtungsposten der Argentinier von SBS-Kommandos zerstört, wobei zehn Argentinier getötet und sechs gefangen wurden. Die Marine und der SAS unternahmen Ablenkungsangriffe gegen Port Stanley und Darwin/Goose Green. Um 4:40 Uhr lokaler Zeit landeten die ersten Truppen mit Booten bei Fanning Head. In einer verlassenen Walfangstation wurde ein Feldlazarett eingerichtet, wo es den restlichen Krieg über stationiert war. Bei Sonnenaufgang wurden 105-mm-Geschütze und Rapier-Luftabwehr-Systeme in Stellung gebracht, wobei sich der Aufbau der Rapier-Systeme verzögerte, so dass diese beim ersten Gegenangriff der Argentinier noch nicht einsatzfähig waren. Auf britischer Seite gab es Probleme mit der Koordination: Als sich die Anlandung von Einheiten, welche die Siedlung Port San Carlos von argentinischen Truppen befreien sollten, verzögerte, waren die britischen Hubschrauber, die zur Unterstützung anflogen, nicht informiert, und es gelang den Argentiniern, zwei Aérospatiale SA-341/342-Gazelle-Hubschrauber abzuschießen und einen weiteren schwer zu beschädigen. Dabei starben drei Besatzungsmitglieder. Die argentinischen Soldaten konnten sich in die Berge zurückziehen, von wo sie mit Hubschraubern nach Port Stanley transportiert wurden.

Daraufhin griff die *FAA* um 10:30 Uhr die Schiffe im Falklandsund an: Die Angriffe waren zunächst unkoordiniert, und führten nur zu geringen Schäden und einigen Verwundeten auf britischer Seite. Diesen gelang es im Gegenzug, vier argentinische Luftfahrzeuge abzuschießen. Am Nachmittag kam es zu einem erneuten Angriff, bei dem die *HMS Argonaut* beschädigt wurde (drei Tote), die Argentinier aber eine der sechs A-4 Skyhawks verloren. Die Fregatte *HMS Ardent*, die sich südlich der Bucht befand, wurde noch schwerer bombardiert und erhielt sieben Treffer (22 Tote). Die *Ardent* wurde daraufhin aufgegeben und sank am nächsten Tag. Die Piloten der *FAA* und der argentinischen Marine kämpften erbittert und trotzten der schlechten eigenen Koordination sowie der stärkeren Bewaffnung der Briten. So flogen sie Angriffe unterhalb der Masthöhe der britischen Schiffe mit waghalsigen Manövern, was aber oft dazu führte, dass die Bomben in dem kurzen Fall nicht scharf gestellt wurden.

Am Ende des *D-Day* waren fast alle Fregatten, die an der Landungsoperation beteiligt waren, durch die Luftangriffe beschädigt, dennoch war es gelungen, 3000 Soldaten und 1000 Tonnen Material anzulanden und den Brückenkopf zu sichern. Die Argentinier verloren insgesamt 13 Flugzeuge.

Die HMS Coventry

Am 23. Mai sank die HMS Antelope ebenfalls nach einem Bombentreffer. Dies demonstrierte die eklatante Schwäche der Nahbereichs-Luftabwehr der britischen Schiffe.

Am 25. Mai sank, nach einem Treffer einer Exocet-Rakete, das Containerschiff Atlantic Conveyor (zwölf Tote). Es hatte für den weiteren Gefechtsverlauf wichtige Hubschrauber, Ausrüstung zum Bau von Start- und Landebahnen und Zelte geladen. Ebenfalls am 25. Mai wurde der Zerstörer HMS Coventry durch Bomben versenkt, was 19 Seeleute das Leben kostete. Bei diesem Angriff wurde zudem die Fregatte HMS Broadsword schwer beschädigt. Die Argentinier verloren bei diesen Angriffen 21 Luftfahrzeuge.

Schlacht von Goose Green

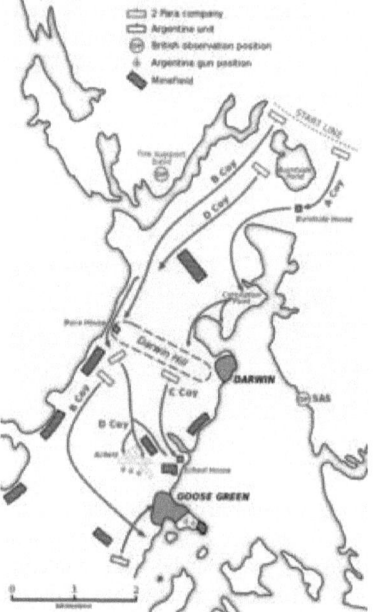

Karte der Schlacht um Goose Green

Die Briten planten, am 28. Mai Darwin und Goose Green, die zweitgrößte Siedlung auf den Falklands, zu erobern. Der Angriff auf Goose Green sollte hauptsächlich die Moral der britischen Truppen stärken, die sich bisher eingegraben hatten. Die Soldaten des *2 Para* sollten den Angriff durchführen, unterstützt von einer Batterie mit 105-mm-Geschützen und der HMS Arrow mit 4,5-Zoll-Geschützen. Durch den Verlust der Hubschrauber auf der Atlantic Conveyor mussten die Soldaten das Material per Fußmarsch transportieren, da der Weg für Fahrzeuge nicht passierbar war. Durch einen Fauxpas der BBC wurde die Invasion auf Goose Green im

BBC World Service gemeldet, bevor sie überhaupt stattfand.

Die Argentinier waren gewillt, den Ort energisch zu verteidigen, da die Landenge von Darwin/Goose Green zum einen taktisch wichtig war und sich zum anderen hier das zweitgrößte Flugfeld der Insel befand. Die Argentinier hatten die hier stationierten 500 Angehörigen der Luftstreitkräfte um 950 Mann vom Mount Kent verstärkt. Sie hatten bei Goose Green nach der Invasion das Flugfeld für die Erdkampfunterstützung durch Pucarás-Flugzeuge ausgebaut. Außerdem wurden gute und stark befestigte Verteidigungsstellungen aufgebaut. Die Truppen verfügten über drei 105-mm-Geschütze und 35-mm-Flugabwehrkanonen. Das Verhältnis an Soldaten betrug drei zu eins für die Argentinier.

Nachdem die britischen Einheiten in Position gegangen waren, entdeckten sie drei Stellungen der Argentinier und forderten Luftunterstützung durch Harrier an. Eine Harrier wurde bei dem Angriff abgeschossen, der Pilot überlebte jedoch und wurde zwei Tage später von einem britischen Hubschrauber gerettet. Zwei britische Kompanien gingen zum Angriff über, stießen aber auf heftige argentinische Gegenwehr aus gut positionierten und gesicherten Stellungen. Nach schwerem Kampf konnten die Briten die Oberhand gewinnen und stießen bis zum Abend nach Goose Green vor. Dort befanden sich 114 Zivilisten, weshalb der britische Befehlshaber einen Kampf für zu gefährlich hielt. Er schickte zwei gefangene Argentinier mit einer Aufforderung zur Kapitulation nach Goose Green. Der argentinische Kommandant willigte ein, nachdem er einsah, dass seine Einheiten umstellt waren – wobei er die Zahl britischer Soldaten weit überschätzte.

1500 argentinische Soldaten wurden gefangen genommen, 45 starben. Auf britischer Seite starben 17 Soldaten, darunter auch der Bataillonskommandeur Colonel H. Jones, der den Angriff zunächst geleitet hatte. 37 Soldaten wurden verwundet. Jones fiel beim persönlichen Angriff auf eine argentinische MG-Stellung, die den Angriff des Bataillons zeitweilig flankierend niederhielt und schwere Verluste verursachte. Da in unmittelbarer Umgebung keine Reserve zur Verfügung stand, entschloss sich der Kommandeur, mit seiner Stabsgruppe des beweglichen Bataillonsgefechtsstandes diese Stellung anzugreifen. Jones wurde postum mit dem Victoria-Kreuz, der höchsten Auszeichnung Großbritanniens für überragende Tapferkeit im Angesicht des Feindes, ausgezeichnet.

Schlacht um Port Stanley

RFA Sir Tristram nach einem Bombentreffer

Am 31. Mai landeten weitere 5000 britische Soldaten in der Berkley-Bucht und konnten *Mount Kent* ohne große Schwierigkeiten erobern. Port Stanley war daraufhin umstellt. Die argentinischen Luftangriffe dauerten an und töteten am 8. Juni 33 Welsh Guards und 18 weitere Männer auf der RFA Sir Galahad und der RFA Sir Tristram; viele andere erlitten schwere Verbrennungen. Sie waren nur an Bord, weil der Verlust der Hubschrauber auf der Atlantic Conveyor dazu führte, dass sie über See transportiert werden mussten, und sie nicht zu Lande durch den Verlust der Zelte vor dem schlechten Wetter auf den Falklandinseln ungeschützt sein wollten.

Der 12. Juni 1982 war ein weiterer Tag blutiger Gefechte – auf dem Mount Longdon starben 23 britische und 29 argentinische Soldaten; bei der Eroberung des Mount Tumbledown wurden 25 Menschen getötet. Weitere 13 wurden getötet, als die HMS Glamorgan durch eine von einem Lastwagen aus abgefeuerte Rakete vom Typ Exocet getroffen wurde, was erneut die Verwundbarkeit von Schiffen durch Angriffe mit technisch vergleichsweise einfachen Mitteln aufzeigte.

Kriegsende

Zurückgelassene Waffen in Port Stanley

Am 14. Juni 1982 war die argentinische Garnison in Port Stanley besiegt. Der Kommandeur, Brigadegeneral Mario Menéndez erklärte die Kapitulation, 9800 Soldaten gingen in Port Stanley in Kriegsgefangenschaft. Am 20. Juni eroberten die Briten die südlichen Sandwichinseln zurück und erklärten die Feindseligkeiten für beendet.

Der Konflikt dauerte 72 Tage; 236 (einer anderen Angabe nach 255) britische und 649 argentinische Soldaten (davon 323 auf dem Kreuzer ARA General Belgrano) wurden getötet. Über 11.000 argentinische Soldaten gerieten insgesamt in Kriegsgefangenschaft. Während der UN-Generalversammlung in New York City am 3. Oktober 1982 beharrte Argentinien weiterhin auf dem Besitzanspruch der Malwinen/Falkland-Inseln.

Am 17. Oktober 1982 stationierte Großbritannien eine neue Luftüberwachungsstaffel (Flight 1435) in Port Stanley mit vier Kampfflugzeugen vom Typ F-4 Phantom. Die Phantoms wurden 1992 durch modernere Tornado F.3 abgelöst, welche 2009 durch den Eurofighter *Typhoon* ersetzt wurden.

Eine von Argentinien in der UN-Generalversammlung am 4. November 1982 eingebrachte, unter anderem von den USA unterstützte Resolution zur Wiederaufnahme britisch-argentinischer Verhandlungen über die Zukunft des Archipels löste in der britischen Regierung Enttäuschung aus und gilt als erste diplomatische Niederlage in dem Konflikt.

Ende Januar 1983 gewährte Großbritannien der argentinischen Regierung einen Kredit über 170 Millionen Pfund.

Analyse
Militär

Argentinische Kriegsgefangene in Port Stanley

Denkmal für die argentinischen Gefallenen in Buenos Aires

Denkmal für die britischen Gefallenen in London

Militärisch war der Falkland-Krieg bedeutend, weil in diesem Krieg eine der wenigen Seeschlachten nach dem Zweiten Weltkrieg stattfand. Der Falkland-Krieg veranschaulichte die Verwundbarkeit von Schiffen auf offener See, sowohl durch Raketen als auch durch U-Boote. In der Folge wurden Kriegsschiffe verstärkt unter Verwendung schwer entflammbarer Materialien und neuartiger Feuerlöschanlagen (Halone als Löschmittel etc.) gebaut. Die Exocet-Raketen wurden zu einem Verkaufsschlager in allen Erdteilen. Über ein Nahbereichsverteidigungssystem verfügten die britischen Schiffe nicht, solche Systeme wurden in den Jahren nach dem Falklandkrieg von fast allen Seestreitkräften unverzüglich eingeführt oder entwickelt.

Auch für die an Land operierenden Streitkräfte ergaben sich aus dem Krieg zahlreiche Schlussfolgerungen. Vor allem auf britischer Seite wurden Panzerabwehrhandwaffen und Panzerabwehrlenkwaffen wie die MILAN gegen Feldbefestigungen der Argentinier mit Erfolg eingesetzt.

Die unwirtlichen klimatischen Bedingungen und die Tundra der Falklandinseln stellten die Streitkräfte beider Seiten auf harte Proben. Auf argentinischer Seite kamen Einheiten zum Einsatz, die vergleichbare klimatische Bedingungen bisher nicht erlebt hatten. Ihre Belastbarkeit und Einsatzfähigkeit waren dadurch deutlich eingeschränkt. Da es sich bei den argentinischen Verbänden zumeist um Wehrpflichtige aus dem feucht-heißen Inland handelte, konnten sich die aus Berufssoldaten des British Parachute Regiment und Royal Marines bestehenden britischen Verbände durchsetzen, die in Schottland und Norwegen Ausbildungsmöglichkeiten hatten die dieser Klimazone nahe kamen und dort erste Erfahrungen sammeln konnten. Bewährt hatten sich bei der Unterstützung der Infanterie je vier leichte Panzerfahrzeuge FV101 Scorpion und FV107 Scimitar der britischen Aufklärungstruppe.

Erstmals seit dem Winterkrieg und den sich ab 1941 anschließenden Operationen der Wehrmacht in Finnland während des Zweiten Weltkriegs wurden wieder Infanteriegefechte in der subpolaren Klimazone geführt. Die Bekleidung erwies sich insbesondere auf argentinischer Seite für diese Witterungsverhältnisse als nicht ausreichend. Besonderheiten dieser Klimazone sind neben hohen Windgeschwindigkeiten in bedeckungsarmem Gelände die Kälte und Bodenfeuchtigkeit, welche die Schutzwirkung von Kampfstiefeln aus Leder herabsetzt. So traten auf britischer Seite erstmals nach dem Ersten Weltkrieg wieder Fälle von *trench foot* auf, dem Grabenfuß. Aus diesem Grund wurden in der Folge Stiefel mit PTFE-Membran (auch Gore-Tex genannt) entwickelt, da als anderweitig geeignete Fußbekleidung nur Gummistiefel zur Verfügung standen. Lehren konnten für die Bekleidung und die Feldausstattung sowie die Bewaffnung der Infanterie gewonnen werden. Dazu gehört unter anderem die Einführung von Wind- und Nässeschutzbekleidung mit dampfdiffusionsoffener PTFE-Membran.

Die im Verhältnis mangelnde Leistungsfähigkeit des britischen Standardgewehrs FN FAL L1 A1 als Selbstlader ohne Dauerfeuer zeigte sich insbesondere in mangelnder Nachtkampffähigkeit durch Zurüstung eines Nachtsichtgeräts und durch das Fehlen eines Zielfernrohrs als nicht mehr ausreichend. Deshalb wurde das bis dahin eingesetzte FN durch das SA80 ersetzt.

Lehren konnten für die Ausbildung und über die Psychologie eines Soldaten und seiner Kampfbereitschaft innerhalb der kleinen Kampfgemeinschaft durch Kohäsion gewonnen werden. Unterschiede in der Ausbildung zeigten sich besonders zwischen den Fallschirmjägern und den Angehörigen der Garderegimenter. Fester Bestandteil der Ausbildung ist daher seitdem auch dort eine mental, aber auch physisch fordernde Ausbildung, unter anderem durch Abseilen.

Weiterführende Lehren konnten im Sanitätsdienst und in der Selbst- und Kameradenhilfe gewonnen werden. Da sich auf Grund des Klimas und des Wetters – Kälte führt zu einem Zusammenziehen der Venen, das Anlegen einer Infusion über einen peripheren oder zentralvenösen Zugang ist bei Verwundung für einen ungeübten und nicht ausgebildeten Soldaten nicht möglich – wurde ein Volumenersatz rektal über einen flexiblen Kunststoffkatheter durchgeführt. Erste Erfahrungen mit Kryogenen in Form natürlicher Unterkühlung konnten bei der Verwundetenversorgung gewonnen werden. Blutverlust und nachfolgender physischer Schock wurden dadurch minimiert. Gleichzeitig mussten die Soldaten insgesamt, aber besonders die Verwundeten vor Hypothermie bewahrt werden. Trotz dieser Erfahrungen beschäftigt sich erst heute die Forschung führend in den USA mit dieser „Erstversorgung" eines Polytrauma-Verletzten durch Kryogene, um diesen bis zu einer Vollversorgung in einem Krankenhaus stabil zu halten.

Politisch
Politisch zeigte der Krieg, dass durch Fehleinschätzungen auch in der Zeit des auf gegenseitige Abschreckung ausgerichteten Kalten Krieges militärische Konflikte entstehen können. Der Krieg hatte auf beiden Seiten innenpolitische Gründe und politische Auswirkungen, allerdings in verschiedenem Ausmaß. Sowohl die argentinische Militärjunta, die durch eine schwere Wirtschaftskrise starkem inneren Druck ausgesetzt war, als auch die konservative Regierung in London, die eine wirtschaftsliberale monetaristische Politik des sozialen Umbaus der Gesellschaft verfolgte, nutzten den Krieg für ihre jeweiligen innenpolitischen Ziele.

So war der Krieg ein massiver Schub für die Popularität Margaret Thatchers und spielte eine Rolle in der Sicherung ihrer Wiederwahl 1983, obwohl mehrere Mitglieder ihrer Regierung zurücktraten, einschließlich Sir John Nott, der ehemalige Verteidigungsminister. Der Krieg hatte indirekt wichtige Auswirkungen auf Argentinien, denn die Niederlage des Landes zwang den Machthaber Leopoldo Galtieri nach heftigen Demonstrationen im Land zum Rücktritt. Galtieri wurde durch General Reynaldo Bignone ersetzt. Am 9. Dezember 1983 kehrte das Land zur Demokratie zurück.

Langfristig beendete das Debakel die regelmäßige Einmischung des argentinischen Militärs in die Politik und diskreditierte sie vor der Gesellschaft. In Comodoro Rivadavia, Sitz der argentinischen Gerichtsbarkeit für das Kriegsgebiet, wurden 70 Offiziere und Unteroffiziere wegen inhumaner Behandlung von Soldaten während des Krieges angeklagt.

Die Niederlage Argentiniens beendete die militärische Alternative für die Lösung des Beagle-Konflikts, bis dahin die bevorzugte Option für die Falken in der argentinischen Regierung, und führte später zur Unterzeichnung des Vertrags von 1984 zwischen Chile und Argentinien.

Verluste und Kriegskosten

Großbritannien
- 258 Gefallene (einschließlich 8 chinesischer Seeleute und 3 Falkländerinnen), 777 verwundete Soldaten, Seeleute und Flieger
- 2 Zerstörer: HMS Sheffield, HMS Coventry
- 2 Fregatten: HMS Ardent, HMS Antelope
- 1 Landungsschiff: RFA Sir Galahad
- 1 Containerschiff: Atlantic Conveyor
- 1 Landungsboot: Foxtrot 4
- 10 Harrier-Kampfflugzeuge, davon 6 Sea Harrier (2 durch Luftabwehr abgeschossen, 4 durch Unfälle verloren) und 4 Harrier Gr. 3 (2 durch Luftabwehr abgeschossen, 1 durch Unfall verloren, 1 bei Notlandung irreparabel beschädigt)
- 24 Hubschrauber (13 gingen mit ihren Schiffen verloren)

Kriegskosten: ca. 2,5 Milliarden britische Pfund.

264 Falklandveteranen haben sich in den 20 Jahren, die auf das Kriegsende folgten, auf Grund von PTBS das Leben genommen.

Argentinien
- 649 Gefallene (einschließlich 18 ziviler Seeleute) und 1.068 verwundete Soldaten, Seeleute und Flieger
- 1 Kreuzer: ARA General Belgrano
- 1 U-Boot: ARA Santa Fe (beschädigt und aufgegeben)
- 2 Patrouillenboote: PNA *Río Iguazú* und PNA *Islas Malvinas* (erbeutet)
- 3 Frachter: *Río Carcarañá*, ARA *Bahía Buen Suceso*, ARA *Isla de los Estados*
- 1 Spionagetrawler: *Narwal*
- 1 ziviles Tankschiff: *Yehuin* (erbeutet)
- 75 Flugzeuge (14 erbeutet)
- 25 Hubschrauber (15 erbeutet)

Kriegskosten: unbekannt

Die Zahl der argentinischen Veteranen, die innerhalb von 20 Jahren nach Kriegsende auf Grund von PTBS Suizid begingen, beträgt über 450.

Medizinische Kriegsfolgen
Bemerkenswert ist die Tatsache, dass die Zahl der Opfer durch Kampfeinwirkung auf beiden Seiten inzwischen geringer ist als die Anzahl der heimgekehrten Veteranen, die sich selbst das Leben nahmen, weil sie unter posttraumatischen Belastungsstörungen (PTBS) litten. Eine Versorgung der Veteranen fand sowohl in Großbritannien als auch in Argentinien nicht statt.

Atomwaffen im Falklandkrieg
Nachdem in den 1990er-Jahren Informationen durchsickerten, denen zufolge britische Kriegsschiffe während des Krieges Atomwaffen an Bord gehabt hätten, verlangte die britische Tageszeitung The Guardian Aufklärung. Nach mehrfacher Weigerung der britischen Regierung, hierzu Angaben zu machen, klagte die Zeitung das Recht auf Information ein und bekam nach einem jahrelangen Rechtsstreit Recht. Am 5. Dezember 2003 bestätigte das Verteidigungsministerium in London, dass mehrere Schiffe während des Krieges Atomwaffen an Bord gehabt hatten. Ein Einsatz der Waffen sei jedoch von Anfang an ausgeschlossen worden. Zudem habe keines dieser Schiffe südamerikanische Gewässer angelaufen. Der argentinische Präsident Néstor Kirchner forderte am 7. Dezember 2003 eine offizielle Entschuldigung Großbritanniens, da sein Land durch die britischen Atomwaffen in unangemessener Weise bedroht und gefährdet worden sei. Der damalige britische Premierminister Tony Blair wies diese Forderung mehrfach als unangebracht zurück.

Im Juni 2005 wurde offiziell bestätigt, dass die Fregatten HMS

Broadsword und *HMS Brilliant* zu Beginn des Krieges taktische Atomwaffen vom Typ WE.177 zum Einsatz gegen feindliche U-Boote an Bord hatten. Aus Sicherheitsgründen und um einen Verstoß gegen internationales Recht zu vermeiden, wurden diese Waffen noch auf der Fahrt in den Südatlantik auf die Flugzeugträger *HMS Invincible* und *HMS Hermes* sowie die Versorgungsschiffe *RFA Fort Austin*, *RFA Regent* und *RFA Resource* umgeladen, die während des Krieges außerhalb der Hoheitsgewässer der Falklandinseln operierten.

Zeittafel

Detaillierte Angaben unter Zeittafel des Falklandkrieges
Von „http://de.wikipedia.org/wiki/Falklandkrieg"

Margaret Thatcher

Margaret Thatcher

Margaret Hilda Thatcher, Baroness Thatcher of Kesteven LG, OM, PC (* 13. Oktober 1925 in Grantham, Lincolnshire, England als Margaret Hilda Roberts) ist eine ehemalige britische Politikerin und war von 1979 bis 1990 Premierministerin des Vereinigten Königreichs und von 1975 bis 1990 Vorsitzende der Conservative Party.

Studium, Beruf und Hochzeit

Margaret Thatcher studierte am Somerville College in Oxford Chemie und arbeitete drei Jahre lang als Chemikerin, wobei sie unter anderem an der Erfindung des Softeises mitwirkte. 1950 nahm sie zum ersten Mal an Unterhauswahlen teil, bei denen sie jedoch scheiterte. 1951 heiratete sie den wohlhabenden Unternehmer Denis Thatcher. Dadurch nicht auf ein eigenes Einkommen angewiesen, studierte sie kurz nach ihrer Hochzeit Rechtswissenschaft und arbeitete danach eine kurze Zeit als Anwältin für Steuerrecht. Am 15. August 1953 brachte sie die Zwillinge Carol und Mark zur Welt.

Beginn der politischen Karriere

1959 wurde sie als Kandidatin der Conservative Party für den Wahlkreis Finchley, im Norden Londons, ins Unterhaus gewählt. 1961 wurde sie zur Parlamentssekretärin im Ministerium für Sozialversicherungen ernannt. 1970 wurde sie Kultus- und Wissenschaftsministerin im Kabinett von Edward Heath. In dieser Funktion wurde sie als „Milchräuberin" (milk snatcher) bekannt, da sie die Gratismilch an Primarschulen abschaffte. Nach der Wahlniederlage der Konservativen im Jahr 1974 wurde sie nach einer Kampfabstimmung gegen Amtsinhaber Edward Heath am 11. Februar 1975 zur Parteivorsitzenden gewählt. Der von ihr selbst geliebte Spitzname „Eiserne Lady" (Iron Lady) stammt von einem Kommentar von *Radio Moskau* im Jahre 1976, nachdem sie in einer Ansprache die „bolschewistische Sowjetunion" scharf attackiert hatte.

Das Wirken als britische Premierministerin

In der Parlamentswahl vom 3. Mai 1979 führte sie die konservative Partei zum Sieg und wurde tags darauf als Nachfolgerin James Callaghans erster weiblicher Premier in der Geschichte Großbritanniens.

Die von ihr vertretene Wirtschaftspolitik (Thatcherismus) hatte im Hinblick auf Inflationsbekämpfung und Deregulierung zahlreiche Gemeinsamkeiten mit der von Ronald Reagan in den USA, verzichtete aber auf die von Reagan betriebene exzessive Erhöhung der Staatsausgaben und zumindest bis 1987 auch auf umfangreiche Steuersenkungen. In Thatchers erster Legislaturperiode stand zunächst die Inflationsbekämpfung im Vordergrund (Monetarismus). In ihrer zweiten Legislaturperiode ging es vor allem darum, den Einfluss des Staates und der Gewerkschaften auf die Wirtschaft zurückzudrängen. Mit der Privatisierung vieler Staatsunternehmen (etwa der British Telecom, British Petroleum (BP), British Airways) aber auch lokaler Versorgungsunternehmen (Trinkwasserversorgung, Elektrizitätsunternehmen) wurde der Einfluss des Staates deutlich reduziert.

Zum Schlüsselereignis wurde der Bergarbeiterstreik 1984/85 gegen die geplanten Schließungen und Privatisierungen ihrer Zechen. Der Streik dauerte ein Jahr, wobei die Gewerkschaft NUM schon bald ihre Rücklagen aufgebraucht hatte und nicht in der Lage war, Streikgelder zu zahlen. In Folge verschuldeten sich viele Bergleute, da sie auf ihren Lohn verzichten mussten. Am 3. März 1985 stimmte eine Delegiertenkonferenz der NUM schließlich für das Ende des Arbeitskampfes. Durch den „Sieg" Thatchers über die Bergarbeiter verringerte sich der Einfluss der englischen Gewerkschaften dauerhaft. Der Weg war frei für weitere Reformen wie der Abschaffung des Closed Shop (Pflichtmitgliedschaft in Gewerkschaften für Arbeiter zahlreicher Unternehmen) und dem Verbot der sogenannten *Flying Pickets* (Streikposten, die nicht dem bestreikten Betrieb angehören). In der Wirtschaft wurden daraufhin einige von den Gewerkschaften zuvor bekämpfte technische Innovationen nachgeholt. So konnten beispielsweise Ende der 1980er die britischen Zeitungen vom Bleisatz auf den in anderen Ländern schon seit langem üblichen Fotosatz umgestellt werden, was die Gewerkschaften bis dahin immer verhindert hatten.

Margaret Thatcher, 1975

In Thatchers erster Legislaturperiode stieg die Arbeitslosenquote in der Spitze auf drei Millionen (rund 12,5 Prozent 1983), um danach erst wieder gegen Ende der 1980er-Jahre zu fallen. Nach dem Ausscheiden Großbritanniens aus dem EWS stieg sie zunächst erneut an. Seit Mitte der 1990er-Jahre ist die Arbeitslosigkeit in Großbritannien geringer als in vielen anderen europäischen Ländern. Kritiker von Margaret Thatcher sehen den wirtschaftlichen Erfolg Großbritanniens seit Mitte der 90er-Jahre nicht so sehr als eine Folge ihrer Wirtschaftspolitik, sondern führen ihn auf die bedeutenden Vorkommen von Erdöl in der Nordsee, die steigenden Ölpreise, die von der Regierung Blair betriebene Politik der sozialen Investitionen und die Veränderungen in der Geldpolitik der Bank of England unter der Regierung Blair zurück. Befürworter von Thatchers Politik hingegen behaupten, dass es ihr gelungen sei, langfristig wirksame Strukturreformen durchzusetzen, deren positive Folgen auf die Wirtschaft noch heute anhalten würden.

Der Falklandkrieg im Jahre 1982 gegen Argentinien brachte Thatcher einen Popularitätsschub. Bei der Wahl vom 9. Juni 1983 profitierte sie davon, allerdings auch von der Spaltung der Labour Party. Nachdem die USA (die der Entsendung britischer Soldaten zur Rückeroberung der Falklandinseln zunächst ablehnend gegenübergestanden hatten) Thatchers Rückeroberungspolitik logistisch unterstützten, folgte sie in anderen außenpolitischen Fragen der Linie der USA, sowohl im NATO-Doppelbeschluss als auch in der Haltung zu Libyen.

1984 erreichte sie unter dem Motto „I want my money back" den bis heute gültigen Britenrabatt zur Finanzierung der EU. Dies führte auch zu einer Äußerung des damaligen Bundeskanzlers Helmut Kohl, er fürchte Margaret Thatcher „wie der Teufel das Weihwasser".

Am 12. Oktober 1984 entkam sie in Brighton nur knapp einem Bombenanschlag der IRA anlässlich des Parteitags der Konservativen. Fünf Personen starben; Handels- und Industrieminister Norman Tebbit wurde verletzt. Im selben Jahr unterzeichnete sie einen Vertrag mit der Volksrepublik China über die Rückgabe der Kronkolonie Hongkong. 1985 verweigerte ihr die Universität Oxford die Ehrendoktorwürde aus Protest gegen Kürzungen im Bildungsetat.

Bei der Unterhauswahl vom 11. Juni 1987 verloren die Konservativen zwar einige Sitze, behielten jedoch eine komfortable Mehrheit. Thatchers Popularitätskurve begann zu sinken, als sie 1989 eine als ungerecht empfundene personenbezogene Steuer (*community charge*, besser bekannt als *poll tax*) einführte. Dies führte zu heftiger Kritik und zu teils gewalttätigen Demonstrationen sogar in ausgesprochen konservativ geprägten Landesteilen. Besonders stark waren die Proteste in Schottland, wo die Poll Tax bereits 1988 probeweise eingeführt worden war.

Im Prozess der deutschen Wiedervereinigung 1989/90 reagierte sie zunächst strikt ablehnend und bestand schließlich, beraten durch Fritz Stern, auf der Anerkennung der Nachkriegsgrenzen durch Deutschland, was schließlich im Zwei-plus-Vier-Vertrag festgelegt wurde. Gegenüber Richard von Weizsäcker erklärte sie, dass sich ihr Deutschlandbild im Wesentlichen bis 1942 gebildet und seitdem wenig geändert habe. Thatcher war eine enge Kooperation der europäischen Staaten zwar wichtig, allerdings warnte sie stets vor einem europäischen Superstaat. Daher lehnte sie auch den 1992 unterzeichneten Vertrag von Maastricht ab.

1990 wurde sie bei der Wahl zum Parteivorsitz der Tories von Michael Heseltine herausgefordert, nachdem der von Thatcher kurz zuvor vom Außenministerium auf den Fraktionsvorsitz versetzte Sir Geoffrey Howe Heseltine öffentlich dazu aufgefordert hatte. Viele konservative Abgeordnete befürchteten mit Thatcher an der Spitze, die nächste Unterhauswahl zu verlieren. Besonders die umstrittene Kopfsteuer hatte sie bei vielen Wählern unbeliebt gemacht. Daneben wurden die Steuersenkungen im Budget 1988 sowie die Ablehnung der europäischen Integration insbesondere in der Währungspolitik gegen sie vorgebracht. Bereits im Jahr zuvor hatte dies zum Rücktritt des Finanzministers Nigel Lawson geführt.

Nachdem sie im ersten Wahlgang in Abwesenheit (sie befand sich auf dem KSZE-Gipfel in Paris) das notwendige Quorum (mindestens 15 Prozent mehr als Heseltine) zur Wiederwahl als Parteivorsitzende knapp verfehlte, erklärte sie nach einzelner Befragung aller Kabinettsmitglieder am 22. November 1990 ihren Rücktritt. John Major trat daraufhin ihre Nachfolge als Parteivorsitzender der Tories und auch als Premierminister Großbritanniens an.

Ehrungen, Ruhestand und Erhebung in den Adelsstand

Thatcher und Reagan 1986 in Camp David

Margaret Thatcher wurde 1970 in den Privy Council der Königin berufen. Seit 1983 Mitglied der Royal Society (FRS), wurde sie im Juni 1990 in den Order of Merit aufgenommen. 1995 erhielt sie den höchsten Orden Englands, den Hosenbandorden. Weiter ist sie Ehren- und einziges weibliches Vollmitglied des renommierten Carlton Clubs. Seit Februar 2007 befindet sich im Foyer des britischen Parlaments, dem Palace of Westminster eine vom Bildhauer Antony Dufort geschaffene überlebensgroße Bronzestatue Thatchers.

1991 überreichte US-Präsident George H. W. Bush Thatcher die Freiheitsmedaille („The Presidential Medal of Freedom"), die höchste zivile Auszeichnung in den USA. Die Stadt Danzig verlieh Thatcher die Ehrenbürgerwürde.

Bei den britischen Unterhauswahlen 1992 verzichtete sie darauf, zur Wiederwahl für das Unterhaus anzutreten. Daraufhin wurde sie, wie bei pensionierten Premierministern üblich, im gleichen Jahr nobilitiert. Als *Baroness in her own right* („Baronin aus eigenem Recht") und *Life Peer* („Peer auf Lebenszeit") zog sie am 30. Juni als *Baroness Thatcher of Kesteven* (Grafschaft Lincolnshire) ins House of Lords („Oberhaus") ein. Denis Thatcher war im Jahr zuvor zum erblichen Baronet (*1st Baronet of Scotney*) erhoben worden (womit seine Ehefrau bereits zur „Lady höflichkeitshalber" aufstieg). Nach ihrem Rücktritt schrieb Baroness Thatcher ihre Memoiren und veröffentlichte diese in zwei Bänden. In den Medien kritisierte sie sehr oft die Arbeit ihres Nachfolgers, da er ihr zu proeuropäisch erschien. 1998 stattete sie dem zu dieser Zeit in London unter Hausarrest stehenden chilenischen Ex-Diktator Augusto Pinochet einen Besuch ab, der sehr kontrovers diskutiert wurde. 2000 und 2001 erlitt sie mehrere Schlaganfälle, welche auch zu dauerhaften teilweisen Gedächtnisstörungen führten.

Trotzdem reiste Thatcher 2004 nochmals in die USA, um am 11. Juni in Washington an der Trauerfeier für Ronald Reagan teilzunehmen. Sie war eine von vier Rednerinnen, die von Reagan zu Lebzeiten persönlich darum gebeten worden waren, an seiner Beerdigung zu sprechen. Sie bezeichnete Reagan als einen ihrer engsten und treuesten Freunde und sagte, Reagans politische Überzeugungen hätten Frische und Optimismus ausgestrahlt, die Menschen von allen sozialen Schichten und allen Nationen überzeugt und schließlich auch das Herz des „Reichs des Bösen" erobert. Wegen ihres schlechten Gesundheitszustandes war die Grabrede geraume Zeit vorher aufgezeichnet worden und wurde bei der Trauerfeier über Bildschirme eingespielt.

Mitte 2008 wurde bekannt, dass sie inzwischen unter fortgeschrittener Demenz leidet. Ihre Tochter Carol Thatcher thematisierte Thatchers Erkrankung 2008 in einem Buch. In der britischen Presse wurde die Frage, ob Margaret Thatcher nach ihrem Ableben ein Staatsbegräbnis erhalten solle, kontrovers diskutiert.

Die „Ära Thatcher" in der Kritik

Thatchers Politik wird bis heute kontrovers diskutiert. Das zeigt sich unter anderem darin, dass sie 2002 und 2003 in zwei Umfragen sowohl den 16. Platz unter den 100 größten Briten aller Zeiten erreichte, als auch den dritten Platz unter den 100 schlechtesten. Ihre Anhänger heben dabei ihre Wirtschafts- und Sozialpolitik hervor, die zu mehr Wohlstand für das Land und die einzelnen Bürger geführt habe. Kritiker werfen ihr die Zerstörung eines gesellschaftlichen Gemeinschaftsgefühls durch die Zerschlagung der Gewerkschaften, die Ruinierung des öffentlichen Sektors, insbesondere des National Health Service durch Privatisierung, sowie Ignoranz gegenüber immateriellen gesellschaftlichen Werten vor. Das englische Gesundheitswesen gilt heute als das kostengünstigste in Europa, ist aber auch besonders für Skandale und sehr lange Wartelisten auf Operationen bekannt. Qualitätsprobleme traten ebenfalls bei den unter Thatcher privatisierten englischen Trinkwasserversorgern (Wasserwerke) auf. Zwar stiegen die Wasserpreise in zehn Jahren um 46 Prozent an, jedoch investierten die betreibenden Unternehmen nicht ausreichend in das Leitungsnetz. In Thatchers Ära fiel auch die umstrittene Clause 28.

Umstritten ist bis heute die Bedeutung der Politik Thatchers für die wirtschaftliche Erholung Großbritanniens. So konnte der wirtschaftliche Niedergang aufgehalten werden und das Wachstum des Bruttoinlandsproduktes auf das Niveau der Bundesrepublik Deutschland vor 1990 gehoben werden. Andererseits stieg die Arbeitslosigkeit während ihrer Regierungszeit (1979–1990) anfangs stark an, ging Ende der 80er-Jahre wieder leicht zurück, verblieb aber bis 2002 über dem Ausgangsniveau.

Von „http://de.wikipedia.org/wiki/Margaret_Thatcher"

Thatcher-Illusion

Die **Thatcher-Illusion** oder der **Thatcher-Effekt** ist ein Wahrnehmungsphänomen, bei dem es schwierig ist, lokal begrenzte Veränderungen in einem Gesicht zu erkennen, wenn dieses Gesicht um 180° gedreht ist (*auf dem Kopf steht*), während diese Veränderungen sehr deutlich wahrgenommen werden, wenn das Gesicht *richtig herum* präsentiert wird.

Diese Illusion ist nach der ehemaligen britischen Premierministerin Margaret Thatcher benannt, deren Fotografie von Dr. Peter Thompson, Professor an der University of York, England 1980 verwendet wurde, um diese Illusion zu demonstrieren.

Beschreibung

Der Effekt kann durch zwei ursprünglich identische Fotografien demonstriert werden, die beide um 180° gedreht sind, d. h. auf dem Kopf stehen. Dabei ist die zweite Fotografie in der Weise verändert, dass sowohl die Augen als auch der Mund innerhalb des Bildes noch einmal um 180° gedreht vorliegen. Beim ersten Hinsehen unterscheiden sich die beiden Fotografien kaum, erst wenn die Bilder richtig herum vorliegen, bemerkt man die groteske Veränderung.

Es wird vermutet, dass diese Illusion von den spezifischen psychologischen Vorgängen hervorgerufen wird, die in der menschlichen Gesichtswahrnehmung eine Rolle spielen und dort besonders in umgedrehten Gesichtern (die in der Natur selten oder gar nicht vorkommen). Gesichter sind einzigartig, obwohl sich viele Gesichter im Grundmuster sehr ähnlich sehen. Es gibt die Hypothese, dass der Mensch ab der Geburt spezifische Vorgänge zur Gesichtsunterscheidung entwickelt, die sowohl auf der Konfiguration des Gesichtes (räumliche Anordnung der Gesichtskomponenten; z. B. Stehen die Augen nahe oder weit auseinander? Wie weit liegt der Mund unterhalb der Nase?) als auch auf den Details des Gesichtes (z. B. Welche Form haben die Lippen? Liegen Ohrläppchen vor?) beruhen. Wenn ein Gesicht um 180° gedreht ist, ist aber die Konfigurationserkennung gestört (*die Gesichtskomponenten sind nicht dort, wo sie hingehören*) und in Folge ebenso die Feinabstimmung durch die Detailerkennung.

Diese Illusion tritt nicht bei Menschen auf, die bestimmte Formen von Prosopagnosie haben, eine Wahrnehmungsstörung, bei der die Gesichtswahrnehmung nicht normal abläuft, üblicherweise nach Hirnverletzungen oder entsprechenden Erkrankungen.

Von „http://de.wikipedia.org/wiki/Thatcher-Illusion"

Thatcher Peninsula

Die **Thatcher Peninsula** (deutsch „Thatcher-Halbinsel") ist eine gebirgige Halbinsel im Nordteil von Zentral-Südgeorgien, die im Norden durch den Mai Point abgeschlossen wird. Gebildet wird die Halbinsel durch die Cumberland West Bay im Westen und die Cumberland East Bay und den Moraine Fjord im Osten; an Land wird sie im Südwesten und im Süden durch den Lyell Glacier und den Hamberg Glacier begrenzt. King Edward Cove an der Ostseite der Halbinsel ist der Ort der British Antarctic Survey-Station, etwa 800 Meter entfernt liegt die ehemalige Walfangstation Grytviken. Die Halbinsel wurde 1991 vom Antarktischen Ortsnamenskommittees des Vereinigten Königreichs (UK-APC) nach einem Vorschlag der Mitglieder der Royal Geographical Society nach Margaret Thatcher benannt, die britische Premierministerin von 1979 bis 1990 war.

Von „http://de.wikipedia.org/wiki/Thatcher_Peninsula"

Thatcherismus

Margaret Thatcher

Thatcherismus ist die Bezeichnung für die Gesellschafts- und Wirtschaftspolitik von Margaret Thatcher, der britischen Premierministerin von 1979-1990. Es handelte sich ursprünglich um einen von der marxistischen Linken geprägten Kampfbegriff, der bereits vor Thatchers Regierungsantritt geprägt wurde. Später übernahmen Anhänger von Thatcher den Ausdruck und versahen ihn mit einer positiven Konnotation. Der Thatcherismus war keine geschlossene Theorie, sondern eine Praxis, die man weder mit dem Attribut *konservativ* noch mit dem Attribut *liberal* vollständig beschreiben kann.

Nach dem Soziologen Anthony Giddens lässt sich der Thatcherismus durch folgende Aspekte charakterisieren:
In der USA wurde der Begriff Reaganomics, benannt nach dem US-Präsidenten Ronald Reagan, verwendet, der eine ähnliche Politik verfolgte.

Literatur

- Keith Dixon: *Die Evangelisten des Marktes - Die britischen Intellektuellen und der Thatcherismus*. UVK, Konstanz 2000.
- Dominik Geppert: *Thatchers konservative Revolution: der Richtungswandel der britischen Tories 1975-1979*. Band 53 von Veröffentlichungen des Deutschen Historischen Instituts in London. Oldenbourg Wissenschaftsverlag, 2002. ISBN 348656661X

Von „http://de.wikipedia.org/wiki/Thatcherismus"